Von derselben Autorin
in der Reihe der
Ullstein Bücher:

Die Zürcher Verlobung (20042)
Ein gewisser Herr Ypsilon (20043)
Eines Knaben Phantasie
hat meistens schwarze Knie (20044)
Valentine heißt man nicht (20045)

Barbara-Noack-Kassette mit fünf
Romanen (20047)

ein Ullstein Buch
Nr. 20046
im Verlag Ullstein GmbH,
Frankfurt/M – Berlin – Wien

Ungekürzte Ausgabe
mit zehn Zeichnungen
von Sigrid Müller-Kern

Umschlagentwurf:
Sigrid Müller-Kern
Alle Rechte vorbehalten
© 1957 by Lothar Blanvalet Verlag,
Berlin
Mit Genehmigung der Albert Langen –
Georg Müller Verlags-GmbH,
München – Wien
Printed in Germany 1979
Gesamtherstellung:
Ebner Ulm
ISBN 3 548 20046 x

CIP-Kurztitelaufnahme
der Deutschen Bibliothek

**Noack, Barbara:**
Italienreise, Liebe inbegriffen:
e. Roman, in d. es munter zugeht/
Barbara Noack. – Ungekürzte Ausg.
– Frankfurt/M, Berlin, Wien:
Ullstein, 1979.
(Ullstein-Bücher; Nr. 20046)
ISBN 3-548-20046-X

# Barbara Noack

# Italienreise –
# Liebe
# inbegriffen

Ein Roman,
in dem es munter zugeht

ein Ullstein Buch

Für alle,
deren Reiseerinnerungen
bereits im Album kleben,
und ganz besonders für diejenigen,
bei denen es in diesem Jahr
mal wieder nicht gereicht hat

## 1. Kapitel: *Der Reiseleiter*

Er ist so unerwartet brünett und elegant, wie sich die weiblichen Mitglieder der Busbesatzung niemals einen Reiseleiter erhofft haben.

Seine Wirkung wäre mit der eines neuen, hübschen Zeichenlehrers in der Mädchenschule zu vergleichen: man wird von Stund an weniger randalieren, aufmerksamer zuhören – und heimlich schwärmen.

Aber es gab auch einen Mann, der etwas besonders Reizendes in Blond zum Autobus brachte und unseren Reiseleiter mit einem eindeutigen Blick bedachte: So einer wie Sie müßte als Aufseher über alleinreisende junge Damen glatt verboten werden, jawohl!

Jetzt – nach den ersten zwanzig Kilometern Autobahn – denkt der schöne Reiseleiter an nichts Blondes, das hinter ihm im Busparkett den Polstersitz 7 auf seine Bequemlichkeit hin ausprobiert. Er hat die Augen zum regenschweren Himmel erhoben und betet inbrünstig: »Lieber Gott, schütze unsern Bus vor Unfällen und Pannen. Gib mir die nötige Geduld – dies ist die vierte Herde, die ich in diesem Jahre nach Italien führe! –, und bitte, lieber Gott, gib mir die vorbestellte Anzahl Einzelzimmer. Amen.«

Drauf zieht er die Mikrophonschlange an den Mund, schluckt zweimal ergeben und beginnt:

»Meine Damen und Herren. Ich begrüße Sie im Namen des Reisebüros, in meinem eigenen – Robert Florian heiße ich – und selbstverständlich auch im Namen unseres Fahrers Krause. Er hat gerade vor acht Tagen seinen Führerschein gemacht.«

»Oho«, lacht man. »Das kann ja noch gut werden.« Und Robert Florian denkt: Die alten Witze haben jetzt, im dritten Jahr, noch immer Erfolg.

»Sie wählten Italien als Ihr Reiseziel, und Italien hat mir versprochen, Sie nicht zu enttäuschen. Es wird Ihnen während der nächsten drei Wochen unendlich viel bieten, und ich hoffe, es ist für jeden von Ihnen etwas Erfreuliches dabei: berühmte Stätten der Christenheit, römische Ausgrabungen, bewegte Renaissance, südliche Nächte, billige Weine, Santa Lucia-Sentimentalität und echte Romantik. Wie bitte?«

»Es zieht! Von links zieht es am Kopf!«

»Ich bitte die linken Herrschaften, die Fenster zu schließen.«

Er wischt über sein Mikrophon und fährt fort.

»Vielleicht kennen Sie die Meinung, die im Ausland über den deutschen Touristen besteht?! – Danach soll er sofort erkennbar sein an seiner stabilen, wetterfesten Wanderkleidung, seinem Hang zum sangesfrohen Schunkeln und der oft und laut gebrauchten Redewendung ›Kommse mal zu uns. Bei uns ist das alles viel sauberer, ehrlicher und haltbarer‹. Kurz, man sagt uns im Ausland einen provozierend zur Schau getragenen Patriotismus nach, den wir im eigenen Lande allzuoft vermissen lassen. Sagt man.

Sie, meine dreißig Damen und Herren, gehören selbstverständlich nicht zu diesem Typus. Sie wissen, daß Italien das Land des Weines und der Spaghetti ist, in dem Bier und Bockwurst seltener vorkommen als bei uns. Sie wissen, daß der Italiener die Schönheit intensiver als die Ordnung liebt und die absolute Ehrlichkeit großmütig nördlicheren Völkerstämmen überläßt.

Sie fahren nach Italien so, wie man ins Ausland eben fahren muß: um Land und Leute kennenzulernen, nicht, um Land und Leute mit den eigenen heimischen Vorzügen zu vergleichen. Ihr persönlicher Charme, Ihr untadeliges Auftreten, Ihr bewundernswertes Einfühlungsvermögen in fremde Länder und Sitten wird die Italiener verblüffen.

Und wenn unser Bus auf der Rückfahrt die Grenze überschreitet, so lassen wir ein staunend Volk zurück, das verwundert rufen wird: Aber der deutsche Tourist ist ja ein ganz entzückender Mensch und viel angenehmer als die übrigen ausländischen Reisenden. Und sehen Sie, meine Damen und Herren, das wird Ihr Verdienst sein.

Nun zu uns selbst. Uns verbindet bisher nur die gleiche Reiseidee. Wir kommen aus allen Gegenden Berlins, aus verschiedenen Interessenwelten und Generationen und frieren noch vornehm im Eise unserer eigenen Zurückhaltung vor uns hin.

Aber recht bald, so hoffe ich, werden wir eine große, herzliche Familie sein. Ohne verwandtschaftliche Zwistigkeiten.

Jetzt wünsche ich denen, die seit dem ersten Kilometer unserer Reise ununterbrochen Wurstbrot, Pfirsiche, Eier und Schokolade durcheinandergegessen haben, einen gesegneten Schulausflugsmagen, und denen, die schlafen möchten, eine gute Nacht. Es tritt eine Redepause von unbestimmter Zeit ein, die wir mit Musik ausfüllen werden. Mit den besten Wünschen für gute Laune und Unterhaltung – Ihr sehr ergebener, stets zu Ihren Diensten stehender Reiseleiter und Kunsthistoriker Robert Florian.«

## 2. Kapitel: *Das Busparkett*

Bei jenem biegsamen, weizenblonden Geschöpf auf Platz Nummer 7, das dem Reiseleiter gleich als besonders reizend auffiel, handelt es sich um das Fotomodell Jou.

Ihre großen Augen voll schwermütiger Rätselhaftigkeit büßen leider an orientalischem Zauber ein, sobald Jou den Mund aufmacht: sie s-pricht nämlich eindeutigen Hamburger Tonfall.

Jou reist nach Italien, weil sie endlich einmal mitreden möchte, wenn das Gespräch unter ihren Kolleginnen auf dieses Land kommt.

Der Herr, mit dem sich ihre Füße den Gang teilen, heißt Gustav C. Kümmel. Herr Kümmel ist genauso gemütlich wie der Anblick seines stattlichen Leibesumfangs, er besitzt die lächelnde Weisheit eines alten Weintrinkers und ein eigenes Auto. Aber mit dem geht er nicht auf Reisen. »I, wie werd ich denn! Will doch was von der Landschaft haben, und das darf ich nicht, wenn ich selber fahre!«

Er erklärt Jou auch, was er unter Landschaft – in diesem Falle italienischer – versteht, nämlich Asti spumante, Frascati, Lacrimae Christi, Bardolino ... und sie denkt, das kann ja noch lustig mit Herrn Kümmel werden.

Jenes griesgrämige Bulligesicht auf dem Fensterplatz neben ihm gehört Herrn Eduard Schnell, der von seinem Nachbarn alsbald »Primus« getauft wird. »Weil er wie unser ehemaliger Klassenprimus aussieht. Klimmzüge konnte er nicht, aber den Caesar auswendig, auch das, was wir nicht von ihm aufhatten, stellen Sie sich so was vor!«

Der Primus, unser Allesbesserwisser, unternimmt diese Reise, weil er einmal auf eine Frage keine Antwort gewußt hatte. Eine Frage, die er sich an seinem fünfzigsten Geburtstag nach Büroschluß in seinem einsamen Junggesellenzimmer stellte: »Wofür lebst du eigentlich?«

Der Primus beschloß darauf, weniger zu schuften und mehr zu leben. Er kaufte sich als ersten Leichtsinn eine Schmalfilmkamera und einen Fotoapparat. Um diese kostspieligen technischen Errungenschaften nützlich einzusetzen, unternahm er eine Reise – jene, auf der wir ihn kennenlernen. Primus will nachholen – sich selbst, die Welt und auch die Frauen. (Eben hat er Jou einen halben Pfirsich geschenkt.)

Hinter ihm döst ein korrekt gealtertes Fräulein im strengen Schneiderkostüm, dem man ohne Bedenken seinen Ehemann, Schmuck und Bargeld anvertrauen würde: Elisabeth Herzberg.

Vor Kümmel und dem Primus schlafen Elfi Duvenage und Rudi Staubschläger, beide sind ringverlobt. Rudi besitzt ein ungewöhnliches Profil, das – dank einem kühn entwickelten Adamsapfel – erst unterhalb der Kinnlinie als ein solches zu bezeichnen ist.

Der ältere Herr, der diesem kernigen jungen Mann über den Gang hinweg einen verächtlichen Blick nach dem andern zuwirft, ist sein Schwiegervater Emil Duvenage – ein hugenottischer Name, der Düvenasch ausgesprochen wird. Rudi nennt den grimmigen Herrn »Papachen«, was alle sehr mutig finden.

»Papachen«, sagt er, »Elfi läßt fragen, ob du ein kleines Käsestüllchen möchtest?«

Neben Düvenasch sitzt »die Feldherrin«, Frau Behrend. Kümmel prägte diese Bezeichnung, weil Frau Behrend so selbstbewußt und monumental wie die Marmorbüste eines ruhmvollen Militaristen auf dem zweisäuligen Sockel ihrer kurzen Beine ruht. Stark, bärtig, gutmütig lärmend und immer guter Laune, ist sie die Unverwüstlichste von allen und sehr tierlieb: all ihre Nerze hat sie mit auf die Reise genommen. Die schlenkern während der Fahrt aus dem Gepäcknetz und glotzen mit ihren starren Glasaugen Herrn Düvenasch an – was diesem ungemein mißfällt.

In der ersten Reihe sehen Sie ein älteres Ehepaar, unauffällig, bieder und feierlich steif wie auf einem Jubiläumsfoto. Das sind Herr und Frau Josef Radke auf ihrer verspäteten Hochzeitsreise. Einer Hochzeitsreise, die vor fünfunddreißig Jahren, als sie sich füreinander entschlossen, von Oma Radke geplant wurde, für die das Geld nie reichte, weil sie das Gesparte immer wieder ausgeben mußten, um eine Arztrechnung zu bezahlen, Mobiliar zu kaufen oder eine Tochter auszusteuern.

Darüber sind sie zu mehrfachen Großeltern geworden. Jetzt haben sie endlich die nötige Summe für eine Italienreise zusammen. Opa Radke hätte sie zwar lieber zur Anschaffung von neuem Werkzeug verwandt, aber Oma bestand auf der Erfüllung ihres Jugendwunsches . . . und ihm blieb nichts anderes übrig, als mitzufahren.

Im Hintergrund sehen Sie noch mehrere Ohren, Haarlocken, Brillen und Zigarettenschwaden. Die gehören zu den jungen, unternehmungslustigen Neumanns, zur schwerhörigen Frau Küßnich, zur üppigen Frau Peters und zu jenen »ferner Mitfahrenden«, die alle vorzustellen zuviel Geduld von Ihnen fordern hieße.

Der Fensterplatz neben Jou ist leer. Sein Besitzer wird erst in München zusteigen.


## 3. Kapitel: *Jous Platznachbar*

Die Polster eines Busses müssen Mohnsamen enthalten. Anders ist die unersättliche Schlummerlust seiner Insassen gar nicht zu erklären.

Einzig Jou kann nicht schlafen. Ihre Gedanken laufen sich wunde Füße auf dem Wege nach Berlin zurück. Sie beschäftigen sich mit dem Tierarzt Hans Fichte und seinem Dackel Erwin. Beide bilden seit einem Jahr das einzige Stückchen Solidität in ihrem überaus modischen Leben, in dem sie nicht unter ihrem reiztötenden bürgerlichen Namen Sieglinde Knopf, sondern als »rätselhafte Jou« bekannt ist. Sie wünschte, Hans Fichte säße jetzt auf dem freien Platz neben ihr. Aber er wollte sie partout nicht nach Italien begleiten.

»Kindchen, ich kann meine Praxis nicht allein lassen. Und außerdem, wozu soll ich mir für teures Geld und etliche Strapazen angucken, wie die Zitronen von unserem Kaufmann aussahen, als sie noch auf italienischen Bäumen hingen? Nee, nee, laß mich man hier. Fahr allein, aber such dir eine Reise aus, bei der du ständig auf der Achse bist, damit kein Mann Gelegenheit findet, dich intensiver zu umbalzen.«

Er brachte sie heute früh zum Bus. Als er den gutaussehenden Reiseleiter sah, radierte ein plötzliches Mißtrauen alle Fröhlichkeit aus seinem Gesicht.

»Fährt der Kerl da etwa auch mit?«

»Er scheint unser Führer zu sein«, flüsterte sie.

»Ach...!« Und seine Miene verriet, daß er sich einen Reiseleiter bedeutend anders vorgestellt hatte: weniger brünett, mehr mausgrau.

Und dann fuhren sie ab. Hans Fichte stand zwischen den winkenden Zurückbleibenden. Regen rann über sein ehrlich besorgtes Gesicht, und in der Hand hielt er einige Tüten, in denen sich Reiseproviant für Jou befinden mochte.

Lieber, lieber Hans... Aber das bißchen Besorgnis schadete ihm gar nichts. Warum hat er sie nicht nach Italien begleiten wollen!? Warum ist ihm seine Praxis wichtiger gewesen!?

Es gießt in Strömen, als sie das laternen- und reklameglitzernde München einnehmen. Herr Florian greift zum Mikrophon und zerreißt die Träume der Schlafenden mit der Bemerkung: »Am Hauptbahnhof halten wir etwa eine Viertelstunde. Dort steigt unser Hamburger Komplice zu.«

Aus Hamburg also stammt ihr Platznachbar. Jou freut sich, denn sie selbst ist in Altona aufgewachsen. Ihre Eltern und ihr Bruder wohnen noch heute dort.

Der Bus hält mit sanftem Ruck und Innenlicht. Gerappel und zer-knitterte, verschlafene Töne auf allen Sitzen. Florian schlingt sich einen sandfarbenen Schal um den Hals und springt in den Schnürlregen auf der Suche nach dem Zusteiger.

Dieser steht mit hochgezogenen Schultern unter einer Laterne, Koffer und Aktentasche an seine Schienbeine gelehnt – nach dem schmalen Rücken zu urteilen, ein sehr junger Mann, das heißt: mehr noch eine Schaufensterpuppe aus dem Warenhaus. So steif und funkelnagelneu wirkt seine Kleidung.

Florian spricht ihn an. Der junge Mann nickt, zieht seine Schirmmütze aus hellem Popeline von einem Bürstenhaarschnitt – und Herr Kümmel erschrickt über Jous totenbleiches Gesicht.

»Was haben Sie denn, Fräulein Knopf? Ist Ihnen plötzlich nicht gut?«

»Nein«, sagt sie leidenschaftlich, »nein, nein, nein. Üüüberhaupt nicht.«

»Das Beste ist frische Luft«, rät Fräulein Herzberg. »Soll ich Sie hinausbegleiten?«

»Danke«, sagt Jou, »dagegen hilft keine frische Luft.«

In diesem Augenblick erklettert der Neue die Vorderstiege des Busses und schaukelt verlegen-forsch durch die Sitzreihen. »Hei, Siegi«, winkt er in Jous starres, bleiches Gesicht. »Ischa woll eine Überraschung, nöch?«

Sie ist ein gutmütiger, geduldiger, stets freundlicher Mensch. Manche behaupten sogar, sie sei ein Schaf. Es gibt nur einen Menschen auf dieser Welt, dem es bisher gelungen ist, das gutmütige Schaf Sieglinde in eine Tarantel zu verwandeln. Und das ist ihr achtzehnjähriger Bruder Giselher, der letzte Namensträger des Stammes Knopf aus Altona.

»Gisel«, knurrt sie, »ausgerechnet du! Und ich habe mich so auf diese Reise gefreut!«

»Du wirst lachen, ich auch«, sagt er und knetet sich an ihren eisernen Knien vorbei zum Fensterplatz, hängt seinen Mantel auf, tastet die Taschen seiner senfgelben, imitiert ledernen Jacke ab und fragt: »Hast du eine Zigarette für mich?«, fragt so lange und so laut, bis Herr Kümmel ihm sein Etui reicht.

»Es ist mein Bruder«, sagt Jou und bufft in Giselhers Rücken. »Stell dich gefälligst dem Herrn vor!«

»Angenehm. Knopf, Hamburg. – Na, denn woll'n wir mal sehen, was uns dieses Italien zu bieten hat!« Es gelingt ihm, seine Magerkeit so weit auszubreiten, daß sie noch ein Viertel des schwesterlichen Sitzes mitbelegt.

Sobald sich der Bus in Bewegung setzt und sein Brummen das vielohrige, neugierige Schweigen um sie her geschluckt hat, beginnt Jou mit dem Verhör. »Nun sag bloß mal – so gemein kann doch ein Zufall gar nicht sein. Also, wie kommst du ausgerechnet in diesen Bus?«

»Mein Schwager hat mich dazu eingeladen«, grinst er, seinen Sitz in Liegestellung kippend.

»Was für ein Schwager?« Jou guckt verständnislos.

»Dumme Frage. Dein Freund Fichte aus Berlin. Ich denke, ihr –«

»Mein Hans?«

Jou hat plötzlich böse, rote Funken vor den Augen.

Giselher beugt sich vor und tastet die Taschen seines aufgehängten Mantels ab, zieht endlich einen zerknitterten Brief hervor und reicht ihn ihr zusammen mit seiner Stablampe.

»Lieber Giselher«, liest sie. »Wir kennen uns zwar noch nicht, aber Siegi hat mir schon viel Humorvolles von Dir erzählt. Da ich sie leider nicht nach Italien begleiten kann, aber auch nicht möchte, daß sie allein fährt, wollte ich Dich bitten: Sei am 7. September, abends 8 Uhr, in München vor dem Hauptbahnhof. Im Reisebüro ist man davon unterrichtet, daß du dort in den Bus aus Berlin zusteigen wirst. Sei aber pünktlich, Junge! Anbei das bezahlte Gutscheinheft für die Reise und hundert Mark extra. Paß gut auf Sieglinde auf, damit erweist Du mir

12

einen großen Dienst. Sie hat natürlich keine Ahnung, daß Du mitfahren wirst. Zeig ihr auf keinen Fall diesen Brief.

Alsdann – viel Spaß
Dein
Hans Fichte.«

Jou knipst die Lampe aus und verbraucht all ihre Vorräte an Selbstbeherrschung bis zum letzten Gramm. Sie reichen gerade aus, um sie vor einem die anderen Fahrgäste irritierenden Zornesausbruch zu bewahren. Sie sagt nur:

»Giselher, warum hat dir dein Meister bloß Urlaub gegeben!«

»Hat er gaa nich, ich hab kündigen müssen. Es findet sich eh eine neue Lehrstelle wie ein Dummer, wo mich umsonst nach Italien einlädt.«

Danach schweigen sie mehrere Kilometer lang. Giselhers Zigarette zieht großartige Glutarabesken durch die Dunkelheit.

Nachdem er sie aufgeraucht hat, holt er sein Taschentuch hervor, entfaltet es schlenkernd und . . .

»Giselher!«

»Na, und?«

»Wie riechst du denn? Hast du dich parfümiert?«

Er schnüffelt wohlgefällig an seinem Taschentuch und an den Aufschlägen seiner Jacke. »Meerkt man das?«

In diesem Augenblick wendet sich Elfi Düvenasch nach ihnen um. »Ihr Brüderchen, Fräulein? Und Sie haben nichts davon gewußt, daß er mitfahren wird? Aber das ist doch sicher eine Freude, was?«

»O ja –«

Um Mitternacht meldet Jou vom Garmischer Hotel ein Gespräch nach Berlin an. Hans Fichte findet dabei keine Gelegenheit, zu Worte zu kommen. Am Schluß ihrer zornigen Rede sagt sie: »Wenn du glaubtest, ich hätte einen moralischen Aufpasser nötig, werde ich dafür sorgen, daß der Aufpasser auch zu tun kriegt. Seine Fahrkarte wäre ja sonst rausgeschmissenes Geld. Unser Reiseleiter ist wirklich ein gutaussehender Mann. Gute Nacht.«

Etwas später, in der Dunkelheit des nach Heu und Regen und Sauberkeit duftenden Hotelzimmers, tut ihr der Anruf bereits leid. Es tut einem immer hinterher leid, wenn man das beschimpft hat, was man am meisten liebt ... aber nichts auf der Welt beschimpft man meistens so sehr wie das, was man liebt. Außerdem hat sie vergessen, sich nach Erwin zu erkundigen. Das tut ihr auch leid.

In Berlin hängt Hans Fichte zögernd den Hörer ein. Jous fernmündliche Drohung aber klirrt in seinem Ohr fort – und er fühlt sich über die Maßen bedrückt.

»Tja, Erwin«, sagt er zu dem Dackel, der vor ihm auf dem blankgebohnerten Boden des Sprechzimmers hockt. »Da hat sich dein Papi aber was Kluges eingebrockt!«

Der Dackel wedelt, weil Wedeln immer das Günstigste ist, wenn man nicht begreift, warum der große, zweibeinige Leithund plötzlich in ernstem Tonfall mit einem spricht.

»Was machen wir nun?«

Aber Erwin weiß es auch nicht. Vielleicht Spazierengehen oder Ringspielen? Er holt seinen zerkauten, blauen Gummireifen vom Flur und erlebt eine Abfuhr. »Laß mich in Frieden, Kleiner, ich muß nachdenken.«

›Wenn du glaubtest, ich hätte einen moralischen Aufpasser nötig, werde ich dafür sorgen, daß der Aufpasser auch zu tun kriegt. Unser Reiseleiter ist wirklich ein gutaussehender Mann.‹

»Oijehoijeh –«, seufzt Hans, zehnfingrig und in vollendeter Ratlosigkeit seinen Kopf kratzend. Er ist zwar nicht unerfahren im Umgang mit Frauen, aber naiv genug, um jede ihrer Drohungen für bare Münze zu nehmen, ganz besonders dann, wenn es sich um diejenige einer Frau handelt, die er lieb genug hat, um ihr einmal sein kostbares Junggesellentum zu opfern.

Plötzlich springt er auf. Alle Flaschen, Instrumente und Scheiben der weißen Schränke klirren gestört. Er läuft zur Tür, schliddert den Gang entlang zur Küche, zerrt den verstaubten Koffer aus seinem jahrelangen Ruhestand auf dem Besenschrank, stolpert über Erwin, der ihm gefolgt ist, stößt einen Stuhl um, erschrickt vor seinem eigenen ungeahnten Temperament, mit dem er Schranktüren aufreißt und Kleidungsstücke samt Bügel um sich streut, und verharrt endlich in düsterer Hilflosigkeit, auf das schüchterne Aufflackern seines Verstandes wartend, denn – sooo geht es wohl nicht.

»Vater muß logisch denken, Erwin«, sagt er und sieht sich suchend nach ihm um. »Wo steckst du denn?«

Der Hund kommt hinter der Couch hervor. An seinem mißtrauischen Zögern kann Hans ermessen, wie sehr er selbst während der letzten Minuten gewütet haben muß. »Ja, sieh mal, Dackel, dein armer Papi muß nämlich leider nach Italien reisen, unsere Zukunft retten.«

Er geht in die Knie und betrachtet nachdenklich das bißchen rauhe Fell mit den blanken Korinthenaugen. Seit vier Jahren folgt ihm Erwin in kritikloser, unerschütterlicher Sancho-Pansa-Treue.

»Kleiner«, sagt er bedrückt, »wo soll ich dich bloß hingeben, während ich in Italien bin?«


4. Kapitel  *Man fährt sich langsam ein*

Petrus muß seinem Himmel den Rat gegeben haben, den sonst gute Freundinnen betrübten Freundinnen zu geben pflegen: »Heul dich man tüchtig aus, dann wird dir besser.«

Der Himmel über Bayern und Österreich heult seit dem Morgen. Ohne Schnupfpause. Unser Bus rollt durch tiefverhangene, sauber aufgeräumte Landschaft mit viel nassem Rindvieh und durch geranien-umblühte, barockbeschwingte, tröpfelnde Spielzeuglieblichkeit. Von den Bergen rechts und links sind nur die bewaldeten Zehen und in sehr lichten Momenten auch einmal die Knie zu sehen. (Nur auf Ansichtskarten ist das Panorama immer vollzählig versammelt.)

Während der Wagen zwischen schluchtenreichen, eng ineinandergeschobenen Kulissen über die Brennerstraße aufwärts brummt, weht lauer Tauwind durch sein Inneres und schmilzt die letzten Eisschollen der Fremdheit. Man tauscht bereits die Fotos der zurückgelassenen Kinder, Vierbeiner und Piepmätze. Zu Jous großem Erstaunen zückt auch Giselher seine kunstlederne Brieftasche und reicht ein Bild herum, auf dem vorn ein Rhesusäffchen auf der Schulter eines Matrosen und im Hintergrund das mit lässigem Bordleben angefüllte Oberdeck eines Schiffes zu sehen ist.

»Christoph Columbus hieß der Affe und war das Maskottchen auf dem Übersee-Luxusdampfer meines Vaters. Das Foto wurde kurz vor

Ausbruch des Krieges gemacht«, erklärt er laut und eindrucksvoll.

»Ach«, staunt der Primus, »Ihr Herr Vater war Reeder?«

Giselher entzieht sich einer Antwort, indem er vorgibt, etwas auf dem Boden zu suchen. Er spürt wohl allzu deutlich Jous Ellbogen zwischen seinen Rippen.

Auf einmal holen die Umsitzenden außer Radkes und Kümmel einen feinen Verwandten hervor, mit dem sie sich gegenseitig imponieren können.

»Ein Onkel von mir war Schiffsingenieur bei der Hapag und fünfmal in Amerika«, sagt der Primus mit erhobenem Zeigefinger.

Frau Küßnich, die sich ob ihrer Schwerhörigkeit mehr von den optischen als den akustischen Dingen beeinflussen läßt, ruft, erschrocken auf des Primus' Finger weisend: »Aber Sie müssen was gegen Ihre Warzen tun, mein Herr.«

Er zieht verschämt und sehr plötzlich seine Hand ein.

»Ich weiß ein Mittel, das wirkt garantiert«, sagt Frau Küßnich eifrig. »Sie brauchen bloß bei abnehmendem Mond einen Heringskopf zu verbuddeln und drei Kreuze über Ihren Warzen zu machen, schon gehen sie weg!«

»So'n Quatsch«, brummt Düvenasch, und im gleichen Augenblick ruft Herr Neumann aus der letzten Busreihe:

»Wir wollen ein Lied singen!«

»Am liebsten ›Das muntere Rehlein‹«, schlägt die üppige Frau Peters vor.

»Nein. Wir singen ›Was ist des Deutschen Vaterland?‹«, verlangt Düvenasch und räuspert bereits seine Kehle frei.

In der hinteren Busreihe hat man sich jedoch einmütig für »Mariechen« entschlossen und, das Einverständnis der anderen gar nicht erst einholend, mit dem Singen begonnen.

>»Mariechen saß auf einem Stein, einem Stein,
>einem Stein . . .«

»In München stieg Herr Knopf dann ein, mit viel Gepäck«, kräht Herr Neumann, und man sieht ihm an, wieviel Konzentration ihn das rasche Dichten kostet.

16

»Vater im Himmel!« stöhnt Düvenasch, seine Schläfen mit beiden Handflächen stützend.

»Knopf und Mariechen fuhr'n zu Bus, mit Florian,
ei, welch Genuß!
Und Düvenasch war auch dabei – im Bus, im Bus.

Heißt hier übrigens jemand Mariechen?«
Gleich drei weibliche Zeigefinger schnellen in die Höhe. Sie gehören Frau Peters, Oma Radke und der Feldherrin.
»Gut«, sagt Neumann, »dann wird ›Mariechen‹ zu unserem Bus-Blues ernannt.«

Währenddessen beugt sich Jou zu ihrem Bruder und zischt: »Giselher! Du bist mir ein ganz dammlicher Angeber! Wie kannst du so tun, als ob unser Vater ein Schiff und einen Affen gehabt hätte. Warum sagst du nicht die Wahrheit? Warum sagst du nicht, daß er Schiffskoch war? Ist da vielleicht was bei?«
»Nöö, da ist nix bei, und ich hab ja auch gaa nich gesagt, daß er es nich gewesen ist! Oder?«
»Nein, aber du hast so getan . . .«
»Man muß immer so tun, als ob man mehr is, wie man is«, erklärt er weise. Sie möchte ihm im Namen ihres prächtigen Vaters eins links und rechts auf die pickligen Backen geben, damit ihm der Hochmut im weiten Bogen aus dem Gesicht fliegt, aber sie sind ja leider nicht allein.
»Bluff ist das halbe Leben, Sieglinde. Meerk dir das man.«
Primus nutzt den kurzen Aufenthalt am Brenner, um seine Schmalfilmkamera gleich einem Maschinengewehr über die von kaltem Paßwind durchwehte Grenzstation knattern zu lassen, und Bruder Giselher, dies bemerkend, lehnt sich wie zufällig gegen den schlanken Kühler eines Lancia, wobei er sich so gebärdet, wie er glaubt, daß sich ein gelernter Weltreisender vor seinem Auto gebärden würde.
Am gegenüberliegenden Ufer einer großen Pfütze lauscht Florian mit höflichem Ohr und abgelenktem Auge den Seefelder Urlaubserlebnissen der Frau Küßnich aus dem Jahre Einunddreißig.
Sein abgelenktes Auge ruht übrigens auf Jou. Was für ein reizendes,

helles, unkompliziertes Geschöpf sie ist – vielleicht zu hell, zu unkompliziert, um ihn auf die Dauer fesseln zu können. Aber was weiß er denn schon von ihr?

Sie haben kaum drei Worte bisher miteinander gesprochen. Fremdheit, die starke Erinnerung an ihr Zuhause, das sie erst gestern früh verließen – und eine große Pfütze trennen sie noch voneinander.

Wie zufällig fängt Jou seinen Blick auf. Sie lächeln sich rasch zu, und erst beim Fortgucken bemerken beide, daß in ihrem Blick eine unbestimmte Ahnung zitterte.

Uff! denkt Jou besorgt, ich hatte Hans mit unserem Reiseleiter doch nur *drohen* wollen!!

Zur gleichen Zeit, da der Bus aus der Grenzstation rollt und sich von riesigen Agip-Gas-, Wein- und Nähmaschinenreklamen im sonnigen Italien begrüßen läßt, wird Fichtes Auto, dem er beim Kauf aus dritter Hand, von Vaterstolz erfüllt, den Namen »Herzlieb« gab, in einer Grunewalder Tankstelle auf seine Reisefähigkeit untersucht, telefoniert Hans nach einem Vertreter für die Praxis, beschnüffelt der Dakkel Erwin voll Unruhe zwei gedankenlos vollgestopfte Koffer, und Fichtes Assistentin spricht ganz offen von »Wahnsinn, Herr Doktor!«.

5. Kapitel: *Ein Hirte und einunddreißig muntere Schafe in Venedig*

»Empfiehlt der Republik Venedig, sie möge nie wieder einem Feldherrn so eine unbeschränkte Macht einräumen wie mir. – Erstaunlich einsichtige Feststellung für einen Feldherrn«, sagt Florian, während sie zum drittenmal, den Kopf im schmerzenden Nacken, um das erzene Reiterstandbild des finsteren Colleoni herumtrotten. »Allerdings verliert diese Feststellung an charakterlicher Wucht, wenn man erfährt, daß dieser Condottiere sie nicht während seiner Macht- und Mannesblüte, sondern vorsichtshalber erst auf dem Sterbebett traf. Sein Reiterstandbild gehört zu den großartigsten, die es überhaupt gibt, und ist auf Verrocchio zurückzuführen. Schnaubendes Roß und grimmig blickender Colleoni sind ein stolzes, energiegeladenes Eins, sind niederstampfende Rücksichtslosigkeit und – wie bitte, Herr Krause?«

»Wetten, daß sich keina traut, diß Pferd Zucker zu jeben?«

Mit dieser Bemerkung hat der Fahrer genau auf Florians kunsthistorisches Feuer gespuckt, und Kümmel bringt es gänzlich zum Verlöschen, indem er sagt: »Wenn man sich Rüstung und Pferd wegdenkt, dann wird die Ähnlichkeit noch verblüffender. Mit wem wohl?«

»Mit Schwiegerpapachen«, jubelt Rudi, und die Feldherrin ruft: »Aber genau! So sieht Düvenasch aus, wenn er mit seinen Spaghettis kämpft.«

»Gehn wir weiter«, sagt Florian kurz und marschiert, den wißbegierigen Primus neben sich, vom Platz.

Robert Florian hat es nicht leicht. Er ist nicht nur der vom Reisebüro angestellte Hirte, sondern auch sein eigener ehrenamtlicher Hütehund, der sich beim Zusammentreiben seiner Herde die Zunge aus dem Halse jachelt, denn: dauernd verliert er Frau Küßnich bei Kinkerlitzchenhändlern; ständig werden die Fotografen vermißt; die Feldherrin lockt scheue Katzen um Marktstände herum; Düvenasch (ausgerechnet er) rutscht auf einer Tomate aus und muß von Elfi massiert werden; die üppige, rothaarige Frau Peters verliert einen Absatz; Giselher, der Galante, klopft ihn an einer Hausmauer wieder ein; Krause verhandelt wegen einer versilberten Gondel, die man auch als Anspitzer benutzen kann; und Jou schließlich entdeckt in der Auslage eines Schuhgeschäftes die »Angelos«. So jedenfalls heißen die zierlichen, weißen, sehr spitzen Pumps. Jou, noch stark im Portemonnaie, zahlt eilig ihren hohen Preis und behält sie gleich an.

Florian atmet erschöpft auf, als er all seine Schafe endlich auf der größten Empfangshalle Europas, dem Markusplatz, zusammengetrieben hat. Sie verharren sekundenlang in mundoffenem Entzücken, weniger wegen der architektonischen Vollendung der Piazza als wegen der zahllosen Tauben, die sie bevölkern und ihren Lebensunterhalt dadurch verdienen, daß sie sich gegen Futter mit den Vertretern aller Länder und Rassen fotografieren lassen.

Krause guckt sich staunend um. »Diß müssen andre Tauben sein wie bei uns. Die hier klacksen nich, oder sehn Se was, nee, nich? Diß sind wohl stubenreine Tauben.«

Ehe nicht jedes Mitglied des Trupps, von Kopf bis Fuß mit flatterndem, sanftäugigem Getier übersät, geknipst worden ist, kann an einen

bildungsfördernden Weitermarsch nicht gedacht werden. Da kommt ein dunkler Glockenschlag vom Campanile dem armen Florian zu Hilfe. Unzählige Taubenflügel rauschen auf, überschatten das Himmelsrechteck sekundenlang mit flatternder Dunkelheit, und man hat jetzt nichts mehr dagegen, den Dogenpalast zu besichtigen.

Vor Jou steigt Bruder Giselher mit der üppigen Peters die breite Treppe des Innenhofes hinauf. Der gelockerte Absatz scheint die beiden einander nähergebracht zu haben. Giselher trägt ihren Fotoapparat und ihre Basttasche, sein Rücken schlenkert vor Selbstbewußtsein wie ein elastisches S, während er ihr gestenreich von seinen engen Beziehungen zu berühmten Filmstars erzählt.

Daß Giselhers Geltungsbedürfnis ihn zu den schamlosesten Lügen hinreißt, ist Jou seit Jahren bekannt. Es wundert sie nur das Entzücken, mit dem die um mindestens zwanzig Jahre ältere Frau Peters ihm zuhört.

Jetzt treten sie auf die hohe Galerie des Dogenpalastes hinaus. Unter ihnen leuchtet die Piazetta. Wie meisterhaft der Zufall die leuchtend bunten Kleider der Frauen auf dem sonnenhellen Rechteck vertupft hat!

Der Primus bleibt zurück. Er beugt sich über die Brüstung und lächelt, souverän . . .

»Nun kieken Se bloß ma, Herr Kümmel, wie der komisch abwärts wedelt!« staunt Krause.

»Pschscht«, flüstert Kümmel, ihn sanft weiterziehend. »Primus wedelt nicht. Er winkt huldvoll auf sein venezianisches Volk hinab. Primus spielt nämlich gerade Doge.« Er sagt das so verständnisvoll, daß weder Krause noch Jou losprusten können. »In jedem noch so nüchternen Bürger steckt halt ein kleines bißchen Romantik und der Hang zur Macht. Es wäre besser um unsere Welt bestellt, wenn alle Menschen ein so friedfertig-romantisches Ventil für ihre Machtgelüste fänden wie unser Primus, nicht wahr?«

Sie nicken nachdenklich, können es sich aber nicht verkneifen, noch einen raschen Blick über die Schulter auf Doge Primus I. von Venezia zu werfen.

» . . . und darum zieht ihn nachher nicht auf, verstanden?« sagt Kümmel mahnend, ehe er sich an die Seite des Reiseleiters schiebt. »Ich muß mal mit Ihnen was besprechen, Herr Florian. Wegen unserer verspäteten Hochzeitsreisenden, den Radkes. – Schauen Sie, Oma Radkes Sehnsucht hatte fünfunddreißig Jahre lang Zeit, ein Venedig aufzubauen, dem die Wirklichkeit niemals standhalten kann. Venedig müßte ein leuchtend buntes, blankgeputztes Märchen sein, untermalt von Operettenchören, um sie nicht zu enttäuschen. Sie darf aber auf keinen Fall enttäuscht werden.«

»Ich fürchte, sie ist es bereits«, meint Florian. »Vorhin sagte sie zu mir, die Leute hier müßten mal dringend ihre Häuser anstreichen – und ob man die Kanäle nicht parfümieren könnte, damit sie nicht so stinken!«

»Hat sie wirklich gesagt?« fragt Kümmel, nachdenklich an seiner Unterlippe kauend. Und dann schiebt er seinen Arm unter Florians. »Ich hab 'ne Idee. Ich laß ein bißchen was springen und mach die Radkes glücklich. Die sollen nicht fünfunddreißig Jahre umsonst auf diese Stadt gehofft und gespart haben. Die kriegen ihr Venedig, wie es hundertmal in Schlagern rosa vergewaltigt worden ist. Mit allem Drum und Dran. Müssen wir mal besprechen.«

»Heute nachmittag«, beschließt Florian. »Nach dem Essen fahre ich mit den Badewütigen zum Lido rüber, aber so gegen fünf bin ich wieder hier. Schlage vor, wir treffen uns in der ›Città di Milano‹. Abgemacht?«

»Abgemacht. Aber – Florian! – daß mir keiner erfährt, wer den ganzen Zauber inszeniert!«


6. Kapitel: *Die neuen Schuhe*

Es ist nicht ganz zufällig, daß Jou auf dem endlosen Lidostrand gerade vor ihm liegt, flach ausgestreckt, ein bißchen Türkis und sehr viel braune, samtene Haut. Ihr helles Haar berührt fast seine sandigen Zehen, und Florians Phantasie ist sehr unternehmungslustig, während er äußerlich unbeweglich dahockt und vor sich hinzudösen scheint. Sieglinde Knopf, geboren am 27. Februar 1931 in Hamburg-Altona, Augenfarbe Braun, besondere Merkmale keine ... Er hat ihren Paß am Brenner genau studiert.

Giselher beschränkt sich nicht auf stummes, phantasievolles Betrachten. Er hat ein Spiel erfunden – kein besonders originelles, aber immerhin ermöglicht es ihm, sich den üppigen Formen seiner Angebeteten nicht nur in Gedanken, sondern auch körperlich zu nähern: mit beiden Händen und schwitzendem Eifer schippt er heißen, muschelhaltigen Lidosand auf Marie Peters, die ihn kichernd gewähren läßt.

Die Verliebtheit eines männlichen Wesens – egal, ob es dem eigenen fortgeschrittenen Jahrgang entspricht – hat noch jeder Frau gutgetan.

Nur Marie Peters' rotes, feixendes Gesicht schaut noch aus dem üppigen Sandgebirge, und der Schöpfer dieser drallen Mumie steht ein wenig ratlos davor.

»Nu schütteln Sie sich mal!« sagt er.

»Warum?« fragt Marie.

»Weil ich sonst nichts mehr von Ihnen sehen kann!«

Florian beugt sich über Jou.

»Ihr Bruder scheint für Rubenssche Formen zu schwärmen«, flüstert er.

»Wieso für Rubenssche? Mir kommt's eher so vor, als ob er sich in die Petersschen verguckt hat«, gibt sie zurück.

Au! Der Kunsthistoriker fühlt einen winzigen Stich – aber nur sekundenlang. Es ist doch ganz gleichgültig, ob sie die Gemälde eines fleischfreudigen Malers namens Rubens kennt oder ob sie nicht. Sie ist so hübsch . . .

»Ich bin um fünf mit Kümmel in Venedig verabredet. Wir wollen das Festival Radke besprechen. Kommen Sie mit?«

Weniger die Besprechung mit Kümmel reißt Jou aus ihrer langausgestreckten, besonnten Faulheit, als die Aussicht, mit Florian eine Überfahrt lang nach Venedig allein zu sein. Ganz allein, ohne dreißigstimmigen Anhang. Wie Privatreisende. Wie zwei Menschen, die Venedig als dekorativen Hintergrund für ihre Verliebtheit gewählt haben.

Solche Vorstellung ist natürlich waghalsig und, wenn Jou bedenkt, daß sie Florian erst wenige Tage kennt, auch ausgesprochen verfrüht – und wenn sie an Hans Fichte denkt, also, dann kann man sie nur noch als blanke Sünde bezeichnen.

»Ich bin ja verrückt«, sagt sie beim Anziehen in der Badekabine vor sich hin, obgleich Selbstgespräche sonst nicht ihr Fall sind – aber leichtsinnige Vorstellungen waren es bisher auch nicht.

Und dann, vor dem schief hängenden Kabinenspiegel, der einen Sprung hat, beim Kämmen ihrer hellen, sandigen Haare, sagt sie noch einmal: »Ich bin verrückt – aber ganz schön eingebrannt.«

Vor dem blau-weiß gestreiften Umkleidehäuschen wartet Florian bereits auf sie. »Wir fahren jetzt nach Venedig zurück«, verkündet er seiner faulen ölglänzenden Herde, aber kein Schaf rührt sich. Niemand hegt das Bedürfnis, schon jetzt in die Stadt zurückzukehren, und da fügt Florian erleichtert hinzu: »Also dann – pünktlich heut abend um halb acht im Hotel.«

Auch Giselher hat sich nicht gemuckst. Marie Peters' überreife Gegenwart läßt ihn ganz vergessen, daß er auf dieser Reise die Funktionen eines Sittenpolizisten bei seiner Schwester auszuüben hat.

So laufen Florian und Jou zur Straßenbahn, und Jou verhält sich dabei sehr wortkarg. Aber ihr Schweigen ist diesmal nicht mehr mit leichtsinnigen Vorstellungen verschwenderisch angefüllt. Sie trägt einen wehen Ausdruck über der Sonnenbräune, und all ihre Gedanken kreisen schmerzlich um ihre Füße. Oh, die verflixten, hochhackigen, eine halbe Nummer zu kleinen, teuflisch am Hacken und am Ausschnitt brennenden Angelos!

Wenig später lehnen sie nebeneinander an der Reling des vollbesetzten Dampfers, der sie zum dunstigen, pastellfarbenen Profil der Stadt hinüberbringt, und Florian sagt:

»Irgendein geistreicher Mann hat Venedig einmal als ein steinernes Schiff bezeichnet, das seit dreizehn Jahrhunderten vor Anker liegt. – Wir haben noch eine halbe Stunde Zeit, und da dachte ich, wir steigen einmal tief in dieses Schiff hinein. Denn wer nur 1. Klasse Markusplatz fährt, lernt Venedig nicht wirklich kennen.«

»Au fein«, lächelt Jou gequält, dankbar für die Mühe, die er sich um ihre Bildung gibt, und darum sagt sie ihm nicht, daß ihr Wissensdrang bedeutend kleiner ist als ihr Wunsch, zu sitzen und die Angelos auszuziehen.

An der Accademia steigen sie aus dem Boot. »Ist es sehr weit bis in das andere Venedig?« fragt Jou.

»Wenn wir rasch gehen, etwa eine Viertelstunde.«

Jou besitzt genügend Selbstbeherrschung, um nur innerlich zu hinken. Aber ihre Selbstbeherrschung frißt alles Interesse, das sie mit bequemem Schuhzeug vielleicht für die beklemmend engen, freudlos riechenden Gassen aufgebracht hätte, in die Florian sie führt.

Schwitzende Mauern mit gefängnisähnlichen Gittern vor viereckigen, schwarzen Löchern. Über ihnen wedelt keine Wäsche mehr. Wäsche, die rhythmisch auf einen niedertropft, gewährt ein Gefühl der Sicherheit, irgendwie. Diese Gassen sind bedrückend still und tot. Nicht mal ein bißchen hungriges, huschendes Leben – nicht einmal eine Katze in den Katzenstadt Venedig.

»Betrogene Ehemänner hatten es zu allen Zeiten leicht, sich hier radikale Genugtuung zu verschaffen«, sagt Florian und – stehenbleibend: »Auch das ist die ›Perle der Adria‹. Ich würde Ihnen so gern die ganze Stadt zeigen, jeden Winkel – was haben Sie denn?«

»Meine Füße«, flüstert Jou. »Die neuen Schuhe brennen so.«

Einen Augenblick lang schaut er sie mit den unwillig-erstaunten Augen eines Menschen an, der fähig ist, über seiner eigenen Wißbegierde jegliche körperliche Beschwerden zu vergessen, und von denen, die er an seinem Wissensschatz teilnehmen läßt, das gleiche erwartet. Doch dann siegt das Mitleid mit ihren Füßen, siegt der bloße Anblick ihres reizenden, schmerzverzerrten Gesichts über seine eigene, leichte Gekränktheit.

»Armes Mädchen! Soll ich Sie tragen?« Und als sie nur ein bißchen erschrocken den Kopf schüttelt, fügt er lächelnd hinzu: »Ich täte es sehr gern!«

Und ich fänd's auch herrlich, gesteht ihr Blick. Das ist ja das Schlimme!

»Bis zur Trattoria werd ich schon noch laufen können«, sagt sie laut.

Aber seinen stützenden Arm nimmt sie gerne an. Und lehnt ihr gesamtes Gewicht darauf – und auch ein bißchen mehr als ihr Gewicht, was soll sie machen? Zu Hause hätte sie sich zurückhaltender benommen. Es muß an Italien liegen. Sie befinden sich erst am Anfang von Italien.

Du lieber Gott, was soll daraus noch werden!?

Gustav C. Kümmel hat bereits eine Languste verzehrt, als sie die »Città di Milano« erreichen. Sein rundes Gesicht ist noch ganz verklärt vom Nachgenuß. Während die beiden Männer das Festival Radke besprechen, kühlt Jou ihre brennenden Füße auf dem Steinboden, trinkt Campari mit Zitrone und Eis – nicht etwa, weil er ihr schmeckt, sondern weil Florian ihn auch bestellt hat – und studiert schweigend seine gemessen gestikulierenden Hände. Dunkel, schmal und klug sind sie –

genau wie sein Kopf. Und was für unverständlich gebildetes Zeug er mit Kümmel schwätzt, wenn sie einmal vom Thema Festival abschweifen!

Jou kennt schon viele Arten Mann: den grundehrlichen, korrekten, amusischen vom Schlage ihres Vaters; den jovial lärmenden, reichen Fabrikanten, vor dessen zwickfreudigen Händen sie sich in acht nehmen muß. Sie hat unter dem breitschultrigen Selbstbewußtsein ihres Chefs gelitten und gelernt, um elegante, hübsche Windhunde einen Bogen zu machen. Das schwarze Bärtchen unter den schnaufenden Nüstern des kleinbürgerlichen Don Juans ist ihr auch nicht mehr neu. Die herzlich-heitere, unbeschwerte Jungenhaftigkeit eines Hans Fichte hat sie liebengelernt.

Aber noch niemals ist Jou mit einem Feingeist vom Schlage Florians in Berührung gekommen. Sie fühlt sich sehr dumm und ungebildet neben ihm, aber weil er zu allem Wissen auch noch wunderschöne, melancholische Augen besitzt, empfindet Jou ihre geistige Unterlegenheit ihm gegenüber nur als angenehm.

»He, Mädchen«, sagt Herr Kümmel und stupst sie freundlich an, »träumen Sie schön? Wir wollten Ihnen gerade das Festprogramm für heute abend vorlesen. Überschrift: Radkes verspätete Hochzeitsreise. – Apropos Hochzeitsreise: Mein Vetter hat seine dreimal nach Venedig gemacht. Er war seinen Prinzipien immer treuer als seinen Frauen.«

»Ich verstehe überhaupt nicht, warum diese Stadt für Flitterwochen prädestiniert ist«, sagt Florian. »In verliebtem Zustand spielt die Umgebung doch gar keine Rolle. Man sollte vielmehr hierherfahren, wenn man Liebeskummer hat. Venedigs Romantik ist ohne Sentimentalität. Und in die grüne Brühe seiner Kanäle springt nicht mal der leidenschaftlichste Selbstmörder.«

»Sehr weise gesprochen«, grinst Kümmel von Jou zu Florian, von Florian zu Jou. »Aber in verliebtem Zustand ist es doch auch ganz hübsch hier, wie?«

Da schaut der Reiseleiter sehr sachlich auf die Uhr an seinem Handgelenk. »Höchste Zeit für mich, wenn ich noch die Musikanten und die Gondel für heute abend bestellen will. Wollen wir gehen?«

»Wollen schon«, sagt Jou und fummelt verzweifelt unter dem Tisch.

Die beiden Männer sehen sie verständnislos an.

»Wegen der Angelos«, wispert sie. »Ich kriege sie beim besten Willen nicht mehr an.«

Kümmel und Florian lugen forschend unter das Tischtuch. Ein Segen, daß Jou ihre Füße vor der Reise noch kunstvoll herrichten ließ. Samtpfötchen hatte die Pediküre sie genannt, jeden einzelnen Zeh freundschaftlich geschüttelt und ihm gute Reise gewünscht. Aber – geschwollene Samtpfötchen? Jou zieht sie schamhaft unter den Stuhl.

Nach ratlosem Schweigen sagt Florian: »Warten Sie hier, ich bin gleich zurück.« Kümmel geht mit ihm. Am Ausgang der Trattoria sehen sich die beiden noch einmal um.

»Was für eine Schuhgröße haben Sie?« ruft Kümmel.

»Neununddreißig«, seufzt Jou. »Warum?«

»Wie?«

»Neununddreißig!« Sie schreit die Zahl voll Trotz, denn Trotz ist bekanntlich der aggressive Komparativ von Scham.

Da sitzt Jou nun, gekettet an ihre barfüßige Ratlosigkeit, und muß an Hans Fichte denken. Wie herzlich würde er ihre augenblickliche Situation genießen.

Die Nebentische füllen sich. Von den Stühlen um sie herum grinst man ohne jedes Taktgefühl auf ihre bloßen Füße, und Florian und Kümmel kommen nicht wieder. Eine Viertelstunde wartet Jou.

Dann reicht es ihr.

Sie sammelt die Angelos auf und erhebt sich. Florian hat zwar gesagt, sie möchten den deutschen Touristen im Ausland würdig vertreten. Wer aber erkennt an ihren bloßen Füßen, daß sie Deutsche ist, sofern sie den Mund hält!

Jou stolpert über das unebene Pflaster und zerdrückt ein Wimmern zwischen den Zähnen, als sie auf einen glühenden Zigarettenstummel tritt. Um sie ist das unvergleichliche, zart verwischte Pastell Venedigs: smaragdgrüne Kanäle, weiße Filigranbrücken, schläfrige Palazzi von verblichenem Gelb und Erdbeerrot, blau-weiße Gondelpfähle, schwarze Gondeln, blühende Balkone, tiefe Schatten und helle Sonnenstreifen . . . Aber Jou sieht nur die lebhafte Schadenfreude auf den Gesichtern der Entgegenkommenden.

»He, Knöpfchen! Fräulein Knopf!« Ihr Rücken wird mit aufgeregtem Geschrei bombardiert: Kümmel und Florian. Florian erreicht sie zuerst. Er greift in ihren Handtaschenbügel wie in den Zügel eines durchgehenden Pferdes.

»So warten Sie doch!«

Jetzt ist auch Kümmel – Wangen, Doppelkinn und Bauch in keuchender Bewegung – herangekommen. Er wickelt im Laufen eine weißlackierte Holzsandalette aus und stellt sie vor Jou aufs Pflaster.

»Wir konnten doch nicht so schnell was Passendes finden!«

Jou ist nicht mehr böse auf die beiden. Ihr ist weinerlich zumute. Vor Rührung über ihren Einkauf und auch, weil ein Holzpantoffel mit einem breiten Riemen aus hartem Leder für einen mit Blasen und schmerzhaften Schwellungen bedeckten Fuß ein wahres Martyrium bedeutet.


7. Kapitel: *Eine gute Fee namens Kümmel*


Oma Radke ist sehr müde, als sie gegen halb acht Uhr das Hotel betritt. Sie sagt, sie wolle nach dem Abendbrot gleich zu Bett gehen. Opa ist der in Öl gebackene Fisch nicht bekommen. Kümmel zeigt sich darob sehr beunruhigt.

Er lotst die beiden in die Hotelhalle und bestellt einen Mokka für Oma und einen Magenbitter für Opa, und dabei sieht er sie beschwörend an: Macht mir bloß keinen Strich durchs Festprogramm! Jous Aufgabe ist es, den beiden möglichst unauffällig einzuschärfen, daß sie nicht vor ein Viertel nach acht im Speisesaal erscheinen dürfen.

Die übrigen Bus-Mitglieder versammeln sich schon vorher. Sie tragen sämtlich ihren nur leicht vom Aufenthalt im Koffer zerknautschten Sonntagsanzug und strahlen einmütig, weil Freude bereiten, die ein anderer finanziert, reinste Freude ist.

Punkt Viertel neun tritt Opa Radke auf – mit unbehaglichem Gesicht, woran sein guter Anzug, aber auch die Peinlichkeit, die Reisegenossen schon vollzählig vorzufinden, Schuld tragen mag.

»Nu komm schon, Mutter«, tuttert er in Richtung der Halle. »Wir sind die letzten.«

Kümmel zwinkert Florian zu, worauf dieser seinen Stuhl zurückschiebt und auf Radkes zugeht. Er überreicht jedem mit feierlicher Verbeugung eine frisch aufgeblühte Gardenie.

Opa hält die seine verdattert und mißtrauisch wie einen feuergefährlichen Gegenstand mit steifem Arm von sich. Oma zeigt sich bedeutend gewandter. Sie schiebt ihre Blüte unter die Granatbrosche an ihrem spitzen Ausschnitt, läßt sich von Florian die Hand küssen und lächelt dabei so reizend und huldvoll wie Königin Elizabeth beim Empfang ausländischer Wichtigkeiten. Sie ist völlig der unerwarteten Situation gewachsen, nur mit Opa hat sie Ärger.

»Ins Knopfloch, Mann, du mußt sie ins Knopfloch stecken!«

»Mecht erscht ma wissen, fir was«, brummt er, äußerst irritiert.

»Herr Radke«, sagt Florian, »Sie befinden sich auf Ihrer Hochzeitsreise, und auf einer solchen trägt man eben eine Gardenie im Knopfloch.«

»So – nuja – höhö.« Er lacht verlegen. »Denn mach se mir man ock an, Mutter.«

Als er die feierliche Garnierung seines Platzes mit Lorbeerlaub und weißen, süßduftenden Tuberosen bemerkt, möchte er am liebsten seine arme Verwirrung unter den Arm klemmen und mit ihr ins schützende, stille Grau der Nichtbeachtung flüchten, aber Oma, die seine Reaktionen in fünfunddreißig gemeinsamen Jahren genau studieren konnte, Oma hält ihn noch rechtzeitig am Ärmel fest.

Ihr runzliges Gesicht hat die Freude reizend geglättet und rosig überpudert. »Nun sieh doch, Vater, wie schön! Wer hat sich denn das für uns ausgedacht?«

Alle lachen so selbstgefällig, vor allem Düvenasch und Bruder Giselher, daß sie annehmen muß, es sei die Idee jedes einzelnen gewesen. Nur Kümmel ribbelt unbehaglich-aufgeregt an seiner Serviette.

Der Ober schenkt jedem ein Glas Sekt ein, und Florian, bis an die Schläfen dunkelrot, sagt etwas Kurzes, Einfaches, Freundliches, das auch Opas schlichtem, schlesischem Herzen behagt. Seine Bartspitzen zittern ein bißchen . . . einziger sichtbarer Ausdruck seines aufgewühlten Innenlebens.

Drauf kommt die Suppe.

Zum Nachtisch wird Gelati, Obst, Käse und Rotwein serviert, und zum Mißfallen aller erhebt sich Herr Düvenasch.

»Liebes, verehrtes, betagtes Hochzeitspaar! Anwesende! Mit tiefer Freude stelle ich fest . . .«

»O Herr, laß es ihn kurz machen«, murmelt Kümmel in seine Serviette. »Ich kriege bei Tischreden so oft das verkehrte Lachen.«

» . . . stelle ich also mit tiefer, bewegter Freude fest, daß unsere kleine Überraschung gelungen ist. Ä-hüm. Vor fünfunddreißig Lenzen, als unser lieber, verehrter Radke aus seiner sauberen, lieblichen Heimat Schlesien als braver Handwerksbursch nach Berlin kam, um in dieser Weltstadt sein Glück zu machen, begegnete er einem adretten jungen Mädchen namens Marie – unserer lieben, verehrten, noch immer hübschen Oma Radke – dort sitzt sie!«

Leidenschaftlicher Applaus. Florian schaut nervös auf seine Uhr – die Musikanten werden gleich kommen. Krause erhält einen mahnenden Schubs von Frau Küßnich, weil er sein Eis weiterlöffelt. Kümmel guckt sehnsüchtig nach seinem Weinglas. Oma tupft Tränen der Rührung in ihr Taschentuch, und Opa ist sehr mulmig ums Herz, weil Düvenasch sein geliebtes, verlorenes Schlesien erwähnt hat . . .

Auf langwierigen Umwegen über das Kaiserreich, Gerhart Hauptmann und seine eigene Militärzeit findet Düvenasch endlich zum Tisch und zu Radkes zurück. Er beschließt seine Rede mit einem dreifachen zackigen »Hipp Hipp Hurra!« und anschließendem »Hoch soll'n se leeeben!«.

Oma springt auf und drückt ihm entzückt die Hände. »Lieber Herr Düvenasch, Sie guter Mensch, Sie! Was haben Sie meinem Mann und mir für eine stilvolle Freude bereitet, nicht wahr, Josef?«

Düvenasch läßt sich feiern, und Kümmel grinst stillvergnügt in sich hinein. Jetzt hebt er ein wenig den mächtigen Kopf, und ein Ausdruck herzlicher, mitfühlender Sympathie macht sich auf seinem grob-klugen Gesicht breit, denn . . .

. . . Opa Radke hat sich erhoben und stottert seinen Dank. Er mecht sich woll erlauben, allen einen Schnaps zu schpendiern.

Sie lehnen lärmend ab, auch – notgedrungen – diejenigen, die ihn gern angenommen hätten.

Und in diesem Augenblick erscheint das von Florian engagierte Zwei-Mann-Orchester, operettenhaft-venezianisch verkleidet, um

Opa und Oma Radke zum Hotelkai zu begleiten.

Es zupft und knautscht den Hochzeitsmarsch von Mendelssohn. Unser Pärchen schreitet Arm in Arm ihm nach, die anderen schließen sich an. Venedig strömt aus den umliegenden Gassen in Scharen herbei, um begeistert Beifall zu johlen, Hunde bellen wütend durch ihre Maulkörbe, Hotelgäste klatschen amüsiert – es ist ein großartiger, internationaler Radau!

Am Kai schaukelt eine weiß ausgeschlagene, nur leicht zerschlissene Hochzeitsgondel, phantasievoll mit Teppichen und Troddeln, mit Schleifen, Lämpchen und Blumen wie eine gute Stube zu Pfingsten ausgeschmückt. Ihr bunter Laternenbogen spiegelt sich im lackschwarzen Canale. Es ist ein so hinreißend gefühlvoller Anblick, daß Oma nur noch selig seufzen kann.

Der Gondoliere – mit roter Nelke am weißen, blusigen Hemd – hilft ihr galant in die leise schwankende Pracht. Opa stolpert verwirrt hinterdrein. Die Musikanten springen nach, und Giselher möchte auch, aber Florian reißt ihn barsch am Arm zurück.

Die Gondel stößt vom Kai ab und entgleitet sanft, mit rhythmischen Schlägen, in Richtung San Marco.

Bunte Lämpchen. Leiser werdende Mandolinen- und Akkordeonmusik. Ein schmelzender Volkstenor. Oma und Opas tapfere Silhouette, das heißt nur ihre Hinterköpfe, ragt aus dieser Bühnenherrlichkeit.

Zuerst haben die beiden noch zurückgewinkt, jetzt nicht mehr. Oma Radke fährt in die große, glitzernde, von schluchzendem Gesang und Mandolinenklang untermalte Stunde ihres Lebens. Opa fährt mit. Für seinen braven, nüchternen Handwerkssinn mag der ganze Zauber ein rührseliger Alptraum sein. Aber wenn er Mutters Seligkeit ausmacht und ihn nichts extra kostet . . . er hält fein still.

Sie sind nur noch ein kleines Diadem aus bunten, funkelnden Steinen auf dem schwarzen Wasser, und die Zurückbleibenden stecken ihre Winktücher ein.

Kümmels Arm legt sich schwer um Jous Nacken.

»Da fahren sie hin, unsere geliebten Kinder«, seufzt er wehleidig. »Kaum flügge geworden, verlassen sie das elterliche Nest. Ja ja, wie das Leben so mit uns Alten spielt. War rührend was? Wie'n Heimatfilm, aber ich glaube, unsere Oma ist glücklich, und das ist ja die Hauptsache. – Nanu, Mädchen?« Er guckt ihr erschrocken ins Gesicht. »Was haben Sie denn?«

»Ich – ich heule Rotz und Wasser, Herr – fh – Kümmel.«

## 8. Kapitel: *Tadidadam tadidada*

Motorboote zerschneiden, geschäftig rauschend, die schwarze Stille der kleinen Kanäle. Vornübergeneigte, schlafende Palazzi – wie alte Leute mit großer, standesgemäßer Vergangenheit, so unnahbar und stolz verwittern sie. Und wieder eine Brücke, die Gondel gleitet drunter durch . . .

Kümmel sagt, er habe über dieser verwunschenen Kulisse einmal einen runden Mond gesehen – es sei bald nicht mehr zum Aushalten schön gewesen. Jetzt genießt er mit stillem Entzücken die schlafende Gruppe Giselher–Peters.

Gisels Kopf ruht weinschwer auf ihren Formen. Von Zeit zu Zeit nickt sie selbst ein und vornüber, um jedesmal, wenn ihr rundes Kinn in seine Bürstenhaare stippt, mit unzufriedenem Gesicht zu erwachen.

Beabsichtigt war die nächtliche Gondelfahrt ohne die beiden, aber sobald seine Aufpasserpflicht mit kostenlosen Annehmlichkeiten verbunden ist (Kümmel zahlt ja), erinnert sich Giselher ihrer geradezu vorbildlich. Gerade als sie abfahren wollten, kam er in langen Sprüngen angewetzt und brachte selbstverständlich seine neue, herzliche Bekannte, Frau Peters, mit.

Jou und Florian lehnen auf dem zerschlissenen Staatssitz dieser Kalesche zu Wasser, der eine sehr weit links, die andere rechts. Aber so ein betontes Möglichst-weit-auseinander ist manchmal schon ein halbes Arm-in-Arm. Florian singt leise: »Tadidada tadidadam . . .« internationaler Hilfstext für diejenigen, die den Wortlaut eines Liedes vergessen haben. Tadidada tadidadam bedeutet nichts und kann doch sehr viel enthalten. Ist so reizvoll wie alles Unausgesprochene.

Jou ist nicht besonders wohl. Man soll eben niemals ein Pfefferminzbonbon auf Chianti benutzen, selbst wenn die Verweigerung eines solchen gegen das erste Touristengesetz: alles anzunehmen, was einem von freundlichen Mitreisenden geboten wird, verstößt. Der Chianti stammte von Kümmel, das Pfefferminz mit leichtem Eau de Cologne-Geschmack aus Frau Peters' Handtasche.

Florian ist weniger mit seinem Magen als mit seinem bisherigen Dasein unzufrieden. Im nächsten Leben wird er nicht wieder Kunsthistoriker, o nein. Im nächsten lernt er reicher Mann, gleich von Anfang an. Dann hat er es nicht nötig, sich mit einunddreißig wildfremden Launen und Eigenwillen herumzuärgern, nur um noch ein bißchen Geld nebenher zu verdienen.

»Wenn ich einmal sterbe, dann nur allein. Ganz allein, verstehen Sie? Nicht bei einem Massenunglück. Sonst wählt man mich wieder als Reiseleiter für eigenwillige und launische Seelen, die zum Himmel wollen. Wenigstens seine letzte Fahrt will Robert Florian als Privattourist unternehmen.«

Herr Kümmel reicht ihnen – aufmunternd lächelnd – eine Weinflasche. Sie gluckert schon ganz leicht, als Florian sie wie eine Fanfare an den Mund setzt. Jou will nichts mehr trinken, bloß nicht. Sie ist beschwipst genug – zum erstenmal ohne Hans Fichtes fröhlich-lärmende Assistenz. Ach ja, Hans – so weit weg in Berlin. Und Florian – soviel nah . . .

Sie rappelt sich tapfer aus ihren lockeren Gefühlen auf und sagt:

»Schade, daß mein Hans nicht hier ist.«

»Ihr – Hans?« fragt Florian verletzt. »Ist das der, der Sie zum Autobus brachte?«

»Ganz recht. Ein wundervoller Mann. Tierarzt. Und so zuverlässig!«

Dummes Ding! denkt er ärgerlich. Spricht jetzt von einem andern, obgleich . . .

»Ich bedaure auch, daß Eve nicht hier ist«, sagt er.

»Eve?« fragt Jou eifersüchtig.

»Nun ja, Eve. Wundervolle Frau. Lektorin in einem Wiener Kunstverlag. Und so zuverlässig!«

Sie sehen sich an. Ampellicht wischt über ihre sonnengebräunten Gesichter.

Jou kichert. »Ach, Florian –«

»Ja?«

»Sind wir schön blau?«

»Zauberhaft blau – und sehr, sehr albern, Jou.«

»Ja, sehr, sehr albern . . .«

Sie wehrt sich nicht, als er sie in seine Arme zieht. Da sind seine Lippen – weich und zärtlich auf ihrer kühlen Haut. Da ist seine Schulter unter dem geöffneten Hemd, an der ihr Kopf jetzt ruht. Komisch, sie dachte immer, Kunsthistoriker hätten vor lauter Bildung gar keine Zeit, sich einen durchtrainierten Körper zuzulegen!

»Die Welt ist voller Wunder«, murmelt sie.

»Ja«, nickt Florian, und seine Blicke streicheln die leichte, biegsame Weiblichkeit an seiner Schulter – fahles Haar, dunkle, samtweiche Haut mit einem feinen Duft nach frischen Himbeeren, ein Kleid, bläulichblaß wie Mondlicht und leise raschelnd . . .

»Tadidadam . . .?«

»Tadidada . . .«

»Tadidada . . .?«

»Tadidadam, Florian.«

Es ist schön in der verwunschenen Nächtlichkeit der Kanäle. Es ist schön, hier zu sein, jung zu sein. Es ist schön, daß noch Sommer ist, daß alles so ist, wie es ist – ach, Venedig. Zum Büßen hat's morgen genügend Zeit.

»Denken Sie an Ihren Hans?«

»Ja, natürlich. Und Sie? Denken Sie an Eve?«

Florian überlegt einen kurzen, ihre Haut warm streifenden Atemzug lang.

»Nein«, sagt er dann, »jetzt nicht.« Männer sind eben doch ehrlicher als Frauen.

Vor ihnen rumort es, begleitet von zerquetschten Kehllauten: Giselher ist am Erwachen. Er richtet sich aus Frau Peters' Wärme auf und blinzelt verstört um sich. »Wo bin ich denn überhaupt?«

»In Italien, mein Jung«, sagt Kümmel freundlich.

»Is mein tleiner Hamburger Tschunge aufdewacht?« fragt Frau Peters wie eine liebe Tante. '

. . . aber Jou hatte einmal einen Onkel, der glaubte, solange er die Babysprache im Umgang mit ihr benutzte, auch ein Anrecht darauf zu haben, sie wie ein Baby auf den Arm nehmen zu dürfen. Ihr Vater brachte ihm darauf gründlich das Hochdeutsche bei.

Sie nähern sich dem Kai zwischen San Marco und Accademia. Die schwarzen, geschwungenen Hälse der Gondeln schwanken zwischen ihren Pfählen. Viele lebendige Stimmen. Ein Musikfetzen. Lachen. Lichter. Das charakteristische Lockgeschrei der venezianischen Gondolieri: »Gondola! Gondola! Scheene Gondola, Lady . . .!«

Und Giselher, der sich verpflichtet fühlt, seiner Dame noch etwas anderes als den Anblick seines tiefen, alkoholhaltigen Schlafes zu bieten, grölt: »Das schmeißt doch einen Seemann nich gleich um, so'n lütten, lütten, lütten Buddel Rum . . .«

Florian hebt Jou mit einem leichten, doch vielsagenden Armdruck auf ihren Sitz zurück. »Schade«, sagen seine behutsamen Hände. »Aber wir haben ja noch viel Zeit und Italien vor uns«, sagen sie auch.

Kümmels mächtige Gestalt erhebt sich, unsicher schwankend, aus dem plüschverzierten Bootsinneren. Er stapft, würdevollen Suff in der Bewegung, zum Bug der Gondel und steigt aus. Dies geschieht sehr langsam und bedacht, jedoch von leichtem Plätschern begleitet, da einige Augenblicke zu früh.

Sie sind alle zugleich aufgesprungen und gucken fassungslos über Bord.

»Ich glaube, er ist aus Versehen in den Canale getreten«, sagt Frau Peters.

»Und wie korrekt er schwimmt!«

»Sogar mit Hut«, kreischt Giselher, und Florian kommandiert mit Schwimmlehrerstimme: »Eins-zwei! Schön ruhig atmen. Und die Beine nicht vergessen. Soo ist's fein. Und nun noch einmal: eins – zwei –«

Kümmel klettert, die durchnäßte Zigarre noch zwischen den Fingern, an Land. Er schüttelt sich, sprüht Canale wie eine Fontäne, nimmt seinen Hut ab und betrachtet ihn voll Bedauern – es war ein ganz besonders teurer Hut; er hat aufrichtig an ihm gehangen.

Und endlich blickt er sinnend auf die Gondel hinab, in der sich alle wieder setzen mußten – es lacht sich so schlecht im Stehen.

»Was grölst du, Volk von Venedig«, sagt er mit lauter, salbungsvoller Stimme, »ich tat doch nur, was Unsterbliche freiwillig vor mir taten.

Lord Byron, zum Beispiel. Er durchschwamm den gesamten Canale und blieb trotz des penetranten Wassergeschmacks ein Poet.«

Der Weg zum Hotel gestaltet sich zu einem wahren Triumphzug, obgleich sie mit Bedacht die ruhigen Nebengassen wählen.

Gustav Kümmel trieft vorneweg. Seine riesigen, nassen Fußabdrücke auf dem Pflaster erregen das laute Entzücken des ständig wachsenden Gefolges. Oh, diese Italiener verstehen es schon, aus jeder Begebenheit ein Volksfest zu machen – ob es sich nun um den Geburtstag eines Heiligen, ein Begräbnis oder einen nassen Touristen handelt.

Vor dem Hoteleingang verabschiedet sich Kümmel mit der hutschwenkenden Grandezza eines gelernten Heldentenors von seinem Gefolge, und niemand sieht ihm an, wie elend er sich in den kanalschweren Hüllen fühlt, die er wenig später zum Nachtportier hinunterträgt, damit er sie auf eine möglichst schnelle Weise trocknen lasse.

Als Jou ihre Fensterläden aufstößt, um die drückende Hitze ihres Zimmers gegen kühle Nachtluft zu vertauschen, sieht sie Radkes. Sie schlendern Arm in Arm auf den Hoteleingang zu, die verwelkten Gardenien leuchten blaß von Rockaufschlag und Ausschnitt. Oma summt leise und schlenkert mit ihrem Seidenschal. Diese Bewegung wirkt seltsam mädchenhaft und ist Ausdruck einer glücklich-besinnlichen, weinseligen Stimmung. Auch Opa macht einen durchaus zufriedenen Eindruck.

Gustav C. Kümmel hat ihnen mehr als eine nachträgliche Hochzeitsfeier geschenkt. Das Erlebnis dieses Abends löschte die Erinnerung an alles Unerfreuliche, Triste aus, das es auch in ihren gemeinsamen fünfunddreißig Jahren gegeben hatte. Sie sind sich wieder ganz einig.

Jou hockt noch eine Weile mit angezogenen Knien – eingehüllt in viel weißes, weichfließendes, griechisches Nachthemd – auf dem Fensterbrett.

»Tadidadam tadidada . . .«

Es hatte bisher keine großen Probleme für sie gegeben. Jou war zufrieden, weil sie keine übertriebenen Erwartungen an das Leben stellte. Jenes Märchen vom Aschenputtel, das einen Königssohn heiratete, hatte niemals Eindruck auf sie gemacht. Auch nicht die erregende Karriere eines Filmstars. Als sie dem stets vergnügten, gutmütigen Hans Fichte (mit Doktorgrad!) begegnete, glaubte sie sich am Ziel ihrer hausbackenen Wünsche. Konnte es ein besseres Glück geben als ihr durchschnittliches, heiteres, ohne große Leidenschaften und Worte?

»Tadidada tadidadam . . .«

Und jetzt mußte ihr Robert Florian begegnen und die Schutzhäubchen von all jenen Gefühlen ziehen, die bisher tief und unerkannt in ihr geschlummert hatten. Sie war nicht mehr unbekümmert. Sie war verwirrt, unruhig, ohne Zufriedenheit, voll unbestimmter Sehnsucht, zum Weinen glücklich, zum Lachen unglücklich . . . Tadidadam tadidada!

»Tadidadamtata . . .« grölt Hans in die nächtliche, kühl durchwehte oberitalienische Landschaft, die sich gegen seinen falschen Gesang nicht wehren kann. Herzliebs Motor brummt dazu.

»Tadidadamtata tadidadamtata . . .« Bloß nicht am Steuer einschlafen! Bloß nicht!


9. Kapitel: *Venezianisches Nachspiel*

Rudi beugt sich unerschrocken über Düvenasch und küßt ihn auf den eisern gefurchten Widerstand seiner Stirn: »Guten Morgen, Papachen.« Der Primus schimpft über sein stumpfes Messer und stiehlt das der Feldherrin in der irrigen Annahme, ihres sei schärfer als das seine. Herr Neumann stopft die übriggebliebenen Brötchen in seine Rocktaschen; Elfi schreibt zwischen Kaffeeflecken und Tellern noch rasch eine Postkarte, und Jou bekleckert sich mit Marmelade. Kurz: es ist wie jeden Morgen.

Nur Giselher fehlt beim Frühstück. Von seinem Bettnachbarn Rudi erfährt sie die Nummer seines Zimmers und läuft in den zweiten Stock hinauf. Jou muß mit ihrem Bruder ein ernstes Wort unter vier Augen sprechen. Seine Tändeleien mit der um zwanzig Jahre älteren Frau Peters gefallen ihr nicht. Was soll daraus noch werden, wenn er schon jetzt – und dazu freiwillig! – ihre Tasche trägt und seinen Rausch an ihren blühenden Formen ausschläft! Sie befinden sich erst am Anfang der Reise, und allen Untugenden sind während der nächsten zweieinhalb Wochen noch ungeahnte, geradezu bedrohliche Entwicklungsmöglichkeiten gegeben!

Die Tür zu Giselhers Zimmer ist unverschlossen, sein Koffer steht geöffnet auf dem Tisch, daneben liegen ein angefangener Brief in seiner Handschrift auf Hotelpapier und Jous Kugelschreiber, den sie seit gestern früh vermißt. Giselher selbst ist abwesend.

Es ist sonst nicht ihre Art, fremde Briefe zu lesen – zumindest würde sie es niemals zugeben.

»Lieber zukünftiger Schwager«, liest sie. »Nun sind wir in Venedig, und es ist eine Enttäuschung, muß ich sagen. Keine Autos in der Stadt, nicht mal ein Radfahrer. Auch mußten wir viele Kirchen besuchen, wo ich mich nicht für interessiere. Lieber Schwager! Sieglinde gefällt die Stadt ja, aber das liegt wohl an unserem Reiseleiter. Die beiden möchten gerne zusammen schäkern, aber, lieber Schwager, mach Dir keine Sorgen, ich beschatte die beiden wie ein Detektiv.«

»Mistfink!« knirscht Jou, und ihre Fäuste finden sich in ihren Hüften wieder. Auch wenn Giselher hundertmal recht hat, darf doch Hans nichts von der höllischen Verwirrung, die Florians Nähe in ihr auslöste, erfahren. Gewiß, sie hatte ihn eifersüchtig machen wollen aus Rache dafür, daß er ihr Giselher als Sittenhüter mitschickte. Aber in der Liebe droht man doch meistens nur mit Personen, die einem im Grunde gar nicht gefährlich werden können. Als sie Hans mit dem Reiseleiter drohte, ahnte sie noch nichts.

Jetzt ist alles so ganz anders geworden. Jetzt ist eine Heimlichkeit da, die vor Hans versteckt werden muß, denn ernstlich weh tun möchte sie ihm noch nicht.

Jou greift zum Füller und schreibt auf den gleichen Briefbogen: »Liebling, falls ich wirklich flirten sollte (was ich nicht tue!), so wäre mein Bruder der letzte, der dies bemerken würde. Denn sofern er sich nicht auf anderer Leute Kosten besäuft, steigt er einer Dame nach, die altersmäßig seine Mutter sein könnte. Um mich kümmert er sich überhaupt nicht, und das ist die volle Wahrheit . . .«

»Hallo, Sie hier?«

Jou schrickt zusammen, denn hinter ihr steht Florian. Sie spürt Herzklopfen überall, selbst in den Knien. Es ist das erstemal, daß sie beide allein in einem Zimmer sind. Zwischen ihnen liegt die Erinnerung an die Gondelfahrt, liegen die vielen, beunruhigenden Gedanken einer schlaflosen Nacht, verbotene Träume, verwirrtes Erwachen voll unbestimmter Hoffnungen.

»Ich wollte Ihren Herrn Bruder noch einmal persönlich auffordern, sich in der Halle einzufinden. Wir brechen in Minuten auf«, sagt Florian.

»Mein – Herr Bruder ist nicht hier«, stottert Jou und schaut ihn an. Auch ihr Verhältnis zueinander hat während der nächsten Wochen noch ungeahnte Entwicklungsmöglichkeiten ... »Gehen wir schnell, die anderen warten.« Und sie läuft an ihm vorbei durch die offene Zimmertür zur Treppe.

»Sie flüchtet«, denkt er, ihr langsam folgend.

Für sieben Uhr dreißig war der Abmarsch vom Hotel festgesetzt. Aber sie können diese Zeit nicht einhalten. Gustav Kümmels Anzug ist nicht aufzufinden und der Nachtportier auch nicht.

Der Tagesportier schickt einen Boy zur Wohnung des Nachtportiers, dieser schickt den Boy zu seinem Schwager, der die Bäckerei in der Nähe des Hotels betreibt. Er hatte Kümmels canaleschwere modische Hülle dorthin überführen lassen. Und hier, neben dem Ofen der glutheißen Backstube, findet der Boy endlich das Prachtstück.

Das Unternehmen kostet den armen Kümmel noch vier solide Trinkgelder für zwei Portiers, einen hechelnden Boy und einen Bäcker. Der Anzug duftet jetzt weniger nach venezianischem Gewässer als nach Backwaren und ist so weit entfeuchtet, daß er nicht mehr drippt.

Giselher, der sich inzwischen auch eingefunden hat, wechselt mit Jou einen einzigen Blick. Aber in diesem Blick liegt Gosse.

## 10. Kapitel: *Sei wachsam, Emil!*

Man sagt, Jou sei zerstreut, und das bereits in ihrem Alter. Und was aus dieser Zerstreutheit noch einmal werden solle, wenn sie erst in die Jahre kommt, in denen das Gedächtnis sowieso eine Brille braucht!

Man sagt auch, ihre einzigen dichterischen Fähigkeiten offenbaren sich in ihren mathematischen Versuchen.

Mit einem gerüttelten Maß voll Zerstreutheit also und einem totalen Mangel an rechnerischer Begabung; mit einem Portemonnaie, vollgepfropft mit appetitlichen, fransenreichen Hundert-Lire-Lappen, wenigen Fünftausend-Lire-Scheinen, für deren unerhört handliches Format eine Brieftasche von der Größe DIN A4 das einzig Passende wäre – und mit dem strammen Mißtrauen des Nordländers gegenüber der Ehrlichkeit des Südländers ausgerüstet, begegnete sie Italiens gewiegter, gerissener Kaufmannsgilde.

Möglich, daß die Naiven einen intensiveren Schutzengel haben als die Gewitzten, möglich auch, daß unser nordisches Mißtrauen eine veraltete Regung ist – auf jeden Fall hat noch niemand in Italien sie auch nur um fünf Lire betrogen.

Jou gibt diese schöne Erfahrung bei einem Campari zwischen Ferrara und Bologna tönend kund. Aber Papachen Düvenasch trennt sich trotzdem nicht von seinem mißtrauisch-lauernden Gesichtsausdruck. Italiener sind alles Gauner.

Sei wachsam, Emil!

Er trägt seine Mammutscheine, durch eine Geldklammer zusammengehalten, in der linken inneren Rocktasche und diese mit drei großen Sicherheitsnadeln sorgfältig zugepikt. Trotz der Hitze und trotz dieser dreifachen Extraversicherung gegen möglichen Diebstahl wagt er es nicht, sein Jackett auszuziehen und – gleich den anderen männlichen Jacken – über die Stuhllehne zu hängen.

»So ein Mißtrauen könnte mir die ganze Reise vermiesen«, sagt die Feldherrin, als Düvenasch aufsteht und zum nächsten Tabakladen der kleinen Dorfpiazza geht, um Briefmarken für Elfis Postkarten zu kaufen.

»Wenn ihm dieses Mißtrauen aber innerliche Befriedigung gewährt?« meint Kümmel dagegen.

Sie schlendern zum Bus zurück. Der sieht jetzt längst nicht mehr so schmuck wie am Abfahrtstage aus. Die Landstraßen Bayerns, Tirols, Venetiens und der Po-Ebene haben seinen hellblauen Bauch mit einer gräulichen internationalen Schmutzschicht überzogen, darin in Druckbuchstaben geschrieben steht »Papachen! Huhu!«, »Kümmel ist ein Säufer!« und »Dieser Bus ist preisgünstig zu verkaufen. Anfragen sind an Neumann, Platz 31, zu richten.«

Sie ersteigen ihn durch seine hintere und die Vordertür. Im Mittelgang gibt es – wie üblich – eine Verkehrsstockung, wenn die Feldherrin und Kümmels leibliche Ausmaße gegeneinanderprallen.

Florian ruft: »Alle da?«, und sie rufen zurück: »Alle – außer Düvenasch!«

Der schießt in diesem Augenblick durch die klirrenden Perlenschnüre der Tabakladentür. »Florian! Polizei! Sofort kommen! Räuber, Gauner!«

Sie springen noch einmal sensationslüstern aus dem Bus und stürzen hinter ihrem Reiseleiter her zum Tatort. Nachdem sich auch Kümmel in den winzigen Tabakladen gedrängelt hat, paßt kein Floh mehr hinein. Es bleibt den zuletzt Ankommenden nichts weiter übrig, als ihre neugierigen Nasen zwischen die Perlenschnüre zu stecken.

»Der Kerl hat mich um fünfzig Lire betrogen!« schreit Düvenasch und läßt einen mörderischen Zeigefinger über den Ladentisch schnellen, hinter dem sich der Besitzer in südlichen Unschuldsbezeugungen windet. Fünfzig Lire sind eine winzigkleine Summe. Trotzdem betrachten die Zuschauer den Mann nicht ohne Ehrfurcht: Was für ein Machiavell muß er sein, wenn es ihm gelang, den wachsamen Emil Düvenasch selbst um fünfzig Lire zu behumsen!

Im Laden befindet sich außer den beiden Kontrahenten, Kümmel und einigen grinsenden, olivenhäutigen Lazzaronis noch Florian, der sich – beschwörend gestikulierend – um eine deutsch-italienische Verständigung bemüht.

»Haben Sie sich auch nicht geirrt, Herr Düvenasch?«

»Ich schwöre; der Kerl hat mir bloß sechshundertfünfzig statt siebenhundert Lire auf meinen Tausender rausgegeben.«

»Nonono, Signore!«

»Doch, widersprechen Sie nicht, Mann!«

»Mancano cinquanta Lire«, übersetzt Florian dem Ladenbesitzer, der bisher sein »Nonono« nur sicherheitshalber gerufen hat, ohne zu wissen, worum es eigentlich geht.

Jetzt aber wird dieses »No, Signore!« sehr energisch, und gleich darauf nimmt das Geschrei an Lautstärke und Anzüglichkeit zu.

»Kinder, Kinder! Bambinos!« mischt Kümmel sich ein, stillvergnügt lächelnd. »Macht nicht soviel Radau. Guckt euch lieber um. Da liegen sie doch!« Und er weist zu Boden auf einen zerknitterten Fünfzig-Lire-Schein, der zur Hälfte unter Düvenaschs Fußsohle hervorblinzelt. Kümmel hatte ihn sofort beim Betreten des Ladens bemerkt, verschwieg aber sein Wissen, weil ihm der leidenschaftliche Disput über den Ladentisch hinweg zuviel Spaß machte.

Florian kauft eine Schachtel Zigaretten, klopft dem in triumphaler Napoleonsgeste sich wiegenden Ladenbesitzer abbittend auf die Schulter, und sie rollen aus diesem Dorfe Italiens, das sie hoffentlich in guter Erinnerung behält.

Düvenasch baut einen Wall schmollender Feindseligkeit um sich auf, den niemand während der nächsten zwanzig Kilometer zu durchbrechen wagt.

Plötzlich greift er an sein Herz. Er tut dies so lärmend, daß selbst Rudi davon erwacht und die Feldherrin »Gott, haben Sie mich aber erschreckt!« ruft.

Düvenasch hört nicht. Seine Finger zittern ins Innere des Jacketts, sie finden die geöffnete Sicherheitsnadel, die ihn soeben in die Brust gestochen hat; sie finden aber nicht, sooft und immer verzweifelter sie auch in der Brusttasche herumstochern mögen . . .

»Hast du was verloren, Papachen?« fragt Elfi besorgt.

»Nein, nein«, keucht Düvenasch, »es hat mich nur etwas gestochen.«

»Etwa ein Moskito?« erkundigt sich Kümmel teilnahmsvoll, obgleich er das Fürchterliche ahnt . . .

Düvenasch antwortet nicht. Er mordet immer still für sich hin: Italiener und deutsche Touristen mit ätzendem Humor . . . und ist weder für eine höfliche Frage der Umsitzenden noch für einen gutgemeinten Zitronendrops zugänglich.

Als sie durch Bologna fahren, erzählt Florian ihnen von der berühmten Universität. »Auf die darf die Stadt wahrhaft stolz sein«, sagt er. »Auf ihre Geschichte weniger. Zwar führt Bologna das Wort ›Libertas‹ im Wappen, und Libertas bedeutet Freiheit. Aber was Freiheit heute bedeutet, bedeutete Libertas damals auch: einen Begriff, keinen Zustand.«

Hinter Bologna steigen sie in die Berge hinauf. An einem Abhang döst ein kleiner Hirte im Schatten seiner zottigen Ziegen.

Er winkt dem vorüberfahrenden Bus zu.

»Mal anhalten!« befiehlt Florian und beschießt den Jungen mit Bonbons.

Wenige Minuten später keucht und knattert ein altes Kabriolett vorüber. Der semmelblonde Mann an seinem Steuer hat keinen Blick für Hütejungen und keine völkerverbindenden Bonbons. Er ist nur darauf aus, bis zum Abend Florenz zu erreichen, wo laut Auskunft des Reisebüros am gleichen Tage ein gewisser Reisebus eintrudeln muß. Infolgedessen ist er ausschließlich damit beschäftigt, sein Auto mit verbissener Zärtlichkeit zu beschwören:

»Herzlieb, süßes Mädchen, halte durch. Nimm auch diese Höhe, irgendwann wird es schon wieder abwärts gehen!«


## 11. Kapitel: *Hinten kichert man*

Die Straße kringelt sich gleich einem gekochten Spaghetti um den Paß, und auf einmal – unerwartet weit und duftig – breitet sich die Toskana unter ihnen aus, väterlich beschützt vom hohen Apennin. Das tiefe Grün der Maronenwälder verdünnt sich silbrig auf den unteren Abhängen: Olivenbäume.

»Die erste Stadt, die wir im Tal erreichen werden, heißt Pistoia«, sagt Florian, und die hinterste Reihe lacht darob.

Jou guckt interessiert auf die Stadt hinab. Sie sieht so aus, wie eine italienische Stadt in dieser Gegend eben von oben aussieht, auf keinen Fall lächerlich.

Jetzt tippt auch Krause grinsend auf die Schulter des Reiseleiters und zeigt in den Rückspiegel. »Erinnern Se sich an diß Vehikel, was da hinter uns kommt? Nee? Na, Berlin, Stuttgarter Platz, kurz vor Abfahrt. Kam doch Frollein Knopp mit an. Gehört ihr'm Zukünftjen. Ob sie weiß, daß er ihr nachschliddert? Sicher nich. Wir verraten auch nischt, verstanden?«

»Nein«, sagt Florian und zieht nervös an seiner Zigarette.

»Alle Achtung und Hut ab vor diß Auto. Diß keucht doch bestimmt schon auf seine letzten Löcher. – Was ham' Se denn, Herr Florian?«

»Oh, nichts. Ich konzentriere mich gerade auf das, was ich dem Volk über Florenz erzählen muß.«

Der Bus kreist immer tiefer ins Tal hinab, die Ohren tauen auf, und jedes Geräusch klingt plötzlich brausend laut. Sie erreichen Pistoia, und die hinterste Reihe ruft einstimmig, sie müsse mal.

Es dauert bedeutend länger als sonst, und Jou beschließt, die Gelegenheit vorsichtshalber auch zu nutzen, aber Krause hindert sie geradezu leidenschaftlich am Aussteigen. »Nee, halten Se man durch, wir sind ja gleich in Florenz.«

Der Wagen fährt im silberblauen Licht der Dämmerung durch köstliche Blumenfelder. Rosen, Mispeln, Gladiolen. Das tiefe Leuchten gelber, aprikosenfarbener und feuer- bis blutroter Tabakpflanzen.

Florian zieht sein Mikrophon an den Mund und beginnt mit einem Vortrag über die Stadt Florenz. »Sie ist die Geburtsstätte der Renaissance. Ihr Kunstreichtum ist vor allem den Médicis zu danken.«

In diesem Augenblick erreicht Jou eine Tüte aus der hinteren Busreihe.

Der Primus übergibt sie ihr. »Die ist für Sie, Fräulein Knopf.«

Mit einem Minimum an Geräusch öffnet Jou das Päckchen und findet nicht mehr ganz frische Pfirsiche darin, ehrlich gesagt – dreiviertel von ihnen sind braun und mulsch, und sie denkt: Die Herzchen aus der hinteren Reihe wollen mich bestimmt hochnehmen.

»Als Vater der Renaissance können wir den Maler Giotto bezeichnen. Obgleich noch starr in der Darstellung . . .«

»Wie bitte? Was ist denn schon wieder?« raunt sie verärgert, als eine weitere Tüte mit zwar aufgeweichten, doch sonst noch recht gut erhaltenen Cremehütchen und Kokosflocken auf ihrem Schoß landet.

Florian ist inzwischen mit seinem Bericht bei Cellini, dem großen florentinischen Goldschmied, gelandet, aber Jou kann ihm nicht zuhören, denn schon wieder ist eine rückwärtige Tüte mit einer Packung Kognakbohnen über ihre Schulter gereicht worden.

Kognakbohnen? Die machen Jou etwas stutzig. Alle ihre Verehrer haben ihr immer Kognakbohnen geschenkt, und niemals brachte sie den Mut auf, ihnen zu sagen, daß sie gar keine mag.

»Primus«, flüstert sie hinter sich, »was sollen die Tüten?«

Primus flüstert wieder zurück, und endlich kommt auf dem gleichen Stille-Post-Wege die Antwort aus der hintersten Reihe: »All diese Leckerbissen haben Sie in Berlin vergessen.«

In Berlin? Dort vergaß sie nur den Pflaumenkuchen ihrer Wirtin in Fichtes Auto, aber keine Cremehütchen, Kognakbohnen oder faule Pfirsiche. Es ist wirklich sehr mysteriös.

Im dunkelblauen Abendlicht erreichen sie die engen Straßen von Florenz.

Krause jongliert den Bus um den Dom, sie biegen in eine Gasse, so schmal, daß der Wagen bald die Hauswände kratzt, und halten vor einem hell erleuchteten Hoteleingang.

Jou stolpert als letzte, bis zum Kinn beladen, durch die hintere Bustür. Auf dem schmalen Bürgersteig stehen Neumanns, Krause, Frau Peters und lachen ihr erwartungsvoll entgegen. Frau Neumann tritt mit einer Wichtigkeit vor, als ob sie ein Gedicht aufsagen will – und legt auf Jous zahlreiche Lasten noch ein bläulich-durchsupptes Päckchen: den Pflaumenkuchen ihrer Wirtin.

Jou denkt: So schwierig es ist, aber ich steige mit allem Krempel wieder ein und verkrieche mich unter Sitz Sieben. Denn entweder bin ich meschugge oder . . .

»He, Kindchen«, sagt eine Männerstimme – ganz rund vor Fröhlichkeit und ihr, ach, so gut bekannt. Jou läßt ihre Schätze auf florentinisches Pflaster fallen. »Hans!«

»Freust du dich, daß wir da sind?«

Sie ist fassungslos. Zu ihren Füßen sieht sie Bruder Giselher in plötzlicher, gefallsüchtiger Eifrigkeit ihre Sachen aufsammeln. Jous Blick irrt über viele strahlende Gesichter und findet eins, das sie so anschaut wie das Gesicht eines Menschen, der auf dem Perron zurückbleiben muß, während sich der Zug langsam im Bewegung setzt und all seine Hoffnungen mit sich fortträgt . . .

Adieu, Florian –

Zwei feste Arme umschließen sie, Arme, zu denen sie sagen möchte: Wartet noch einen Augenblick, bis ich wirklich zu euch zurückgefunden habe.

»Seit zahlreicher Weile fahren wir hinter dir her. Die letzte Busreihe wußte es, hat aber nix verraten, nicht wahr? In Pistazia oder wie das Ding hieß, übergab ich deinen Genossen die in Berlin vergessene Reisemunition. Denn sieh mal, Jou, deine Mannen sind korrekt. Darum brachten sie dir den Zwetschgenkuchen und die Pfirsiche in Eilmärschen bis Florenz nach. Unter Hintansetzung ihrer eigenen beruflichen Pflichten. Wie findest du das?«

Hat Jou vor dieser Rede mit Düsenantrieb noch geglaubt, in den Armen einer optischen Täuschung zu liegen – jetzt ist sie sicher, daß Hans Fichte sich wirklich in Florenz befindet. Denn solches Mundwerk wie sein Mundwerk, das gibt es nur einmal.

»Meine Mannen«, flüstert sie, verwirrt seine Worte aufgreifend – und stutzt. »Wieso Mann-e-n, du bist doch allein hier!«

»Ümüm, Erwin ist auch mit.«

»Erwin?«

»Natürlich«, sagt er, über ihre Begriffsstutzigkeit den Kopf schüttelnd. »Glaubst du etwa, so 'n kleiner Dackel möchte nicht den sonnigen Süden kennenlernen? Immer bloß Kiefern und Linden – is doch eintönig auf die Dauer. Erwin will Palmenstrände . . .«

»Hans«, unterbricht sie ihn eingedenk seines befremdend herzhaften Wortschatzes, in dem es keine diskreten drei Pünktchen an Stelle von urdeutschen Wörtern gibt. »Hans, nun sag mir bloß, wie sollen wir Erwin ins Hotel bekommen? Hunde sind hier sicher verboten.«

»Ganz einfach«, lacht er, »genau wie über die Grenze: als Schmuggelware.«

Jou stellt ihn den anderen Touristen vor, die sie neugierig umranden. Giselher küßt Fichte nahezu, bietet ihm sofort eine Zigarette an (auf einmal besitzt er welche!), zerbricht vor lauter Eilfertigkeit drei Streichhölzer, und Hans raunt anerkennend: »Prima Junge, dein Bruder!«

Mit Neumanns begrüßt er sich fast intim. Sie haben ja schon während vieler Kilometer eine pantomimische Unterhaltung durch die

Wagenscheibe geführt.

Florian erhält anfangs nur ein mißtrauisches Mustern, dem jedoch eine zögernde Rechte folgt, als er verspricht, Hans in seinem Zimmer unterzubringen, falls das Hotel überfüllt sein sollte. Dann eilt er zu seinem Herzlieb und kommt gleich darauf mit einem Rucksack und zwei Koffern zurück. Einer davon ist ein Fiberkoffer, der Schweres durchgemacht haben muß. An Stelle eines fehlenden Schlosses hält ihn ein Gürtel zusammen.

»Hat mir der Hausmeister gepumpt«, erklärt Fichte, Jous Staunen auffangend. »Nett von ihm, was? Wo er doch so an dem Stück hängt! War 1943 zwei Tage lang mit ihm verschüttet, im Hansaviertel, weißt du. Müssen ihm als Dank was Hübsches mitbringen, 'ne Vase oder so.«

»Und der Rucksack, Hans!« Jou hat die Hand gegen einen Mund gepreßt, der nicht weiß, ob er sich zu einem Lachen oder Entsetzen verziehen soll. »Das ist ein feines Hotel. Du kannst doch hier nicht wie ein Kartoffelhamsterer auftreten!«

»Hiii!« kreischt Elfi Düvenasch. »Er bewegt sich ja!«

Und jetzt sieht auch Jou, wie der Rucksack auf Fichtes Buckel nach rechts und links auskeilt: Erwin!

Ihre Hand streichelt zärtlich über den rauhen Sackstoff, und sie ahnt, daß Hans darin nicht nur einen kleinen Rauhaardackel namens Erwin Fichte, sondern mit ihm auch eine unerschöpfliche Quelle für Komplikationen nach Florenz getragen hat.


12. Kapitel: *Jous Mannen*


Das Hotel ist sehr elegant, zumindest seine riesige Halle, in der sie auf Florian und die Verkündung ihrer Zimmernummern warten. In den tomatenroten ledernen Sesseln döst einfach, doch wertvoll gekleidetes internationales Globetrottertum, das bei ihrem geräuschvollen Einmarsch beleidigend schnell die Flucht ergreift, nicht ohne vorher noch einen bestürzten Blick auf Hänschens Rücken geworfen zu haben. Rucksäcke sind in dieser Umgebung zumindest ungewöhnlich.

Sie nehmen die noch globetrotterwarmen Sessel ein, Hans legt den strampelnden Äser auf Jous Schoß und schwingt sich zur Deckung vor

wachsamen Portiersblicken auf die Lehne.

»Nun erzähl doch bloß endlich.« Ihre Hände nesteln heimlich die Verschnürung auf, tasten sich in warmes struppiges Fell, eine eifrige Zunge leckt ihre Finger – armer, kleiner, unterschlagener Erwin.

»Da gibt es nicht viel zu erzählen«, sagt Hänschen vergnügt. »Nach deinem besorgniserregenden Anruf aus Garmisch beschloß ich: nix wie nach Italien, Fichte, wenn du deine zukünftige Ehe retten willst. Bestellte einen Vertreter für die Praxis, ließ Herzlieb volltanken, neu bereifen und machte mich mit Erwin auf die Socken. Ist doch ein tapferes, kleines Mädchen, unser Herzlieb. Hättest sehen sollen, wie sie die Berge genommen hat!«

»Wie denn?« fragt Kümmel interessiert.

»Na, spielend – im Schlepptau von anderen Touristenwagen.«

Kümmel schuckelt vor ungläubigem Lachen. Der Junge spinnt, denkt er, aber er spinnt ganz unterhaltsam. Doch nach einem tieferen Blick in Hänschens geradezu bedrückend sonnige Kinderaugen schwindet langsam der Unglaube aus Kümmels lachender Miene, und er begreift, daß diese ungewöhnlich fröhliche Naivität fähig ist, das Unmögliche möglich zu machen.

»Was soll jetzt geschehen?« fragt Jou.

»Ganz einfach – Hans und Erwin Fichte machen Urlaub in Italien. Sie werden so lange hinter euch herfahren, bis sie irgendwie wieder nach Berlin kommen – sofern Schicksal, Herzlieb und Finanzen nicht querschießen sollten.« Sein Gesicht verdüstert sich etwas. »Ich fürchte nur, meine Garderobe wird nicht ausreichen, Jou. Hatte nur ein frisches Hemd zu Hause.«

Florian tritt in diesem Augenblick zu ihnen – höflich-bestimmt, verbindlich-kühl, nur noch Reiseleiter. »Ich habe nicht die vorbestellte Anzahl Einzelzimmer bekommen können und muß leider für diese Nacht zwei Damen zusammenkoppeln. Fräulein Herzberg und Fräulein Knopf – ist es Ihnen recht, wenn Sie sich einen Raum teilen?«

»Natürlich«, sagen beide, obgleich es ihnen gar nicht recht ist. Zuletzt wendet er sich an den erwartungsvollen Hans. »Ich ziehe mit Krause zusammen, wir haben ein Dreibettzimmer. Wenn Sie das dritte nehmen wollen? Ihr Hund muß aber im Auto übernachten.«

»Kommt nicht in Frage!« mischt sich die Feldherrin ein. »Der Dakkel ist klein genug, um im Bidet Ihres Zimmers zu schlafen. Ich leihe ihm mein Reisekissen, das schieben Sie ihm unter, damit er's nicht so hart hat. Widersprechen Sie mir nicht, Herr Florian! Ich könnte Ihre Mutter sein!«

Fräulein Herzberg baut Zahnbürste und Seiflappen auf die linke Seite des Waschbeckens, Jou belegt die rechte. Dann schreiten sie zu einem völlig gleichgültigen, höflichkeitshalber aber ungemein wichtigen Problem: »Möchten Sie lieber im rechten oder im linken Bett schlafen?«

Während Jou sich wäscht, denkt sie über die völlig neue Situation nach. Hans und Erwin in Italien! Sie ist über diese Tatsache gar nicht entzückt. Das liegt vor allem an der störenden Gegenwart Giselher Knopfs. Seinen venezianischen Petzbrief wird er nach ihrem schriftlichen Zusatz wohl zerrissen haben. Aber noch besitzt er sein Mundwerk. Obgleich sie ihre Wachsamkeit von Stund an verdoppeln wird, mag ihr doch einmal ein Augenblick entgehen, jener Augenblick, den ihr nicht minder wachsamer, einschmeichelbeflissener Bruder nutzen wird, um seinen Schwager über ihren kleinen Flirt mit Florian aufzuklären. Und eine Spannung zwischen Touristenoberhaupt und eifersüchtig knurrendem Fichte würde den Frieden der gemeinsamen Weiterfahrt aufs äußerste gefährden.

»Fräulein Herzberg, Sie sind nicht böse, wenn ich schon hinuntergehe?«

In der Halle haben sich Kümmel, Florian, Hans und Neumanns zu einem neugierigen Rund um die dramatisch fuchtelnde Elfi gedrängt. »Stellen Sie sich vor, Papachen ist ein armer Mann geworden! Er hat's mir erst vorhin gestanden. Und alles bloß wegen seines scheußlichen Mißtrauens, das hat er nun davon!« Nach und nach entnehmen sie ihrem aufgeregten, mit Ausrufen gespickten Geflüster die äußerst traurige Geschichte: Düvenasch hatte vor Wut über die angeblich fehlenden fünfzig Lire den Tabakladen verlassen und dabei seine streng gehüteten, tapfer durchgeschwitzten Fünftausend-Lire-Scheine samt Klammer auf dem Ladentisch vergessen. Die mochte einer der anwesenden, freundlich grinsenden Lazzaronis in seine Obhut genommen haben. Erst durch das Piken der offenen Sicherheitsnadel war er auf seinen Verlust aufmerksam geworden. Die Hoffnung, dieses Geld wiederzubekommen, hätte nicht mal der Sanftgläubigste gehegt – geschweige denn Papachen. Und die Angst vor Schadenfreude verschloß ihm bisher den Mund.

Aber man gebärdet sich nicht schadenfroh über Elfis Bericht. Auch diese Abart der Freude hat ihre finanziellen Grenzen.

Im Speisesaal begegnen sie wieder den vornehmen Globetrottern. Diesmal türmen diese nicht. Sie sind erst bei der Suppe, deshalb.

Jou läßt ihr Fleisch in einem unbeobachteten Moment vom Teller in einen Briefumschlag gleiten, den ihr Kümmel zu diesem Zweck gegeben hat. »Es fettet etwas durch, haben Sie noch einen?« Kümmel hat. Kümmel hat überhaupt alles, was einen perfekten Mitreisenden ausmacht: viel Geduld, immer gute Laune, ein offenes Portemonnaie, genügend Briefmarken, Streichhölzer, Stadtpläne und sogar Einwickelpapier fürs Hundeabendbrot.

»Wie gefällt Ihnen Ihr Zimmer?« wendet er sich an Hans.

»Oh, gut. Es ist gemütlich wie beim Kommiß. Drei Betten, drei Spinde, drei Männer . . .«

»Und Erwin?« erkundigte sich die Feldherrrin besorgt.

»Den haben wir auf Ihr Anraten hin komfortabel in der kleinen Waschbecken-Filiale untergebracht.« Nach dem Essen flüsterte er:

»Jou, ich möchte mit dir allein ausgehen. Ob sich das wohl machen läßt?«

Als sie gegen neun Uhr, den Rucksack mit Erwin möglichst unauffällig zwischen sich, das Hotel verlassen, wetzt Giselher aus dem nächsten Tabakladen auf sie zu. »Hallo, Schwager! Siegilein! Nett, daß ich euch treffe. Geht ihr was trinken? Dann mache ich euch die Ehre und komme mit!« (Es ist immer so eine Sache mit dem Sich-gewählt-Ausdrücken . . .)

Jou sieht Hans' trauriges Gesicht und sagt lächelnd: »Danke, Giselher. Du brauchst dich nicht zu bemühen. Schau, ich bin's ja gewohnt, daß du wegen Frau Peters keine Zeit für mich hast. Sie wird sicher schon auf dich warten!«

Er schenkt ihr einen Blick, der ihr unvergeßlich bleiben wird, und zieht sich mit einem gliederschlenkernden: »Na, denn viel Spaß, Schwager«, zurück.

»Wer ist Frau Peters?« erkundigt sich Hans, während sie die schmale Straße hinunterschlendern. »Doch nicht etwa die mollige Rothaarige? Die ist doch viel älter als er!«

»Eben, einen feinen Sittenhüter hast du mir mitgeschickt! Vorerst ist das Ganze zwischen den beiden ja noch harmlos, aber man weiß nie – wenn wir Knopfs uns erst mal in einen Menschen verbeißen...«

»Eine hübsche Vorstellung«, sagt Hans. »Hast du dich auch in mich verbissen, Jou?« Er greift in ihren hellen Schopf, sein Kuß verirrt sich auf ihre kleine, gekrauste Nase, dann ruft er sich selbst zur Ordnung, denn da ist noch immer eine Sorge ungeklärt.

»Was ich dir noch sagen wollte: es hebt nicht gerade das eigene Selbstbewußtsein, und mühsam ist es auch, wenn man sich als eifersüchtiger Othello gebärden muß. Mir jedenfalls macht's keinen Spaß.«

Jou ist zumute, als ob ihr Herz Bocksprünge vollführt. »Ich hab dir doch bloß mit Florian aus Zorn gedroht. Es ist bestimmt nichts, Hans!«

»So« fragt er, und man spürt, wie gern er ihr glauben möchte. »Aber warum hat er dich dann beim Abendbrot mit solchem – schlesischem Blick bedacht?«

»Schlesisch? Das laß nicht Opa Radke hören!«

»Aber warum hat er so geguckt?«

»Nicht meinetwegen. Wegen Erwin. Er fürchtet, der Hund bringt ihn mit der Hotelleitung in Schwierigkeiten. Das ist alles.«

»Wirklich – alles?« fragt er skeptisch.

»Natürlich, Hans! Ich schwör's dir!« Und Jou zittert: Wenn's bloß keine Brücke auf unserem abendlichen Weg gibt. Die kracht bestimmt unter dieser Lüge mit mir ein. Sehr haltbar ist das alles hier sowieso nicht mehr...

Hans zieht ihre Hand durch seinen Arm, beinahe beruhigt. Und Jou, seinen Ärmel streichelnd, bittet: »Wo du jetzt hier bist, könnten wir Giselher eigentlich wieder nach Hause schicken, findest du nicht?«

Hans überlegt, aber dann schüttelt er den Kopf. »Kann man doch nicht machen, Kindchen. Erst einladen und dann so einfach zwischen Suppe und Hauptgericht nach Hause jagen – nee.«

»Spätestens in Rom wird er dich anpumpen«, bohrt sie streichelnd weiter.

Er seufzt. »Trotzdem, Kindchen...«

Sie sind auf die Piazza della Signoria gelangt; und Hans ruft überwältigt: »Oh, schau mal!«

»Ja«, sagt sie, den marmorweißen Körper des David von Michelangelo betrachtend. »Er hat ein schönes Gesicht, nur die Beine sind etwas kurz.«

»Aber den meine ich doch gar nicht.« Und Hans zerrt sie mit sich zu einem fliegenden Händler, der unterhalb des David einigen Amerikanern seine Zelluloidkühe vorführt. Sie lassen sich durch einen leichten Fingerdruck melken. Allerdings geben sie Wasser statt Milch, aber dafür sind sie ja auch nur aus Zelluloid.

Es kostet Jou einen Wortschwall, um Hans davon zu überzeugen, daß sein Hausmeister, der ihm den wertvollen Fiberkoffer pumpte, sich weniger über eine solche Kuh als über ein nützliches Geschenk freuen würde.

»Aber eine Kuh ist etwas Nützliches«, protestiert er, »und sieh mal, Jou, bis Berlin könnten wir selber damit spielen!«

Sie antwortet nicht, hört überhaupt nicht, was er sagt, denn gerade schlendert Florian über den Platz, die Hände in den Hosentaschen . . . er hat sie bestimmt bemerkt, aber er geht vorbei. Und Jou ist plötzlich sehr seltsam zumute. Wie wäre wohl dieser lauwarme Sommerabend mit seiner schwarzen, sternenbesäten Samtdecke über der hellerleuchteten Renaissance, seinen sorglosen Stimmen, schlendernden Schritten und klappernden Hufen . . . tja, wie wäre wohl dieser Abend ohne Hans Fichte ausgefallen?

»Schau, Jou«, sagt er gerade und hält ihr kleinlaut die Zelluloidkuh vors Gesicht. »Sie wollte einfach mit. Wir nennen sie Florenzia, ja?« Und als sie nur stumm den Kopf schüttelt, fühlt er sich verpflichtet, sie auf die Nützlichkeit seines albernen Spielzeugs aufmerksam zu machen: »Erwin hat doch soviel Durst in Italien, und Wasser ist nicht immer gleich zur Stelle. Da brauchen wir nur Florenzia zu melken . . .«

## 13. Kapitel: *Galoppierende Kunstsucht*

In der Kapelle mit den berühmten Grabmälern Michelangelos für zwei unberühmte Medicis befinden sich außer zahlreichen Privatreisenden noch vier Touristengruppen, angeführt von vier laut dozierenden Führern.

Florian wirft ärgerliche Blicke über seinen Vortrag hinweg auf seinen hageren schwedischen Kollegen, der sieht sich gestört nach der näselnden Stimme des Engländers um, so als ob sie ein schlechter Geruch wäre, und der Engländer wiederum fühlt sich zu ständig wachsender Lautstärke gezwungen, um seinen französischen Kollegen zu übertönen.

Außerdem beteiligen sich an dem kunsthistorischen Radau noch zwei Privatdozenten – italienisch und gebrochen deutsch brüllend.

Hans Fichte, ans Ende der deutschen Gruppe gedrängt, erhält seine Instruktionen in fließendem Schwedisch und zeigt darob ein so beeindrucktes Gesicht, daß Florian sich bemüßigt fühlt, ihn beim Hinausgehen zu fragen: »Nun, wie hat es Ihnen gefallen?«

»Och, gut«, sagt Fichte. »So schön laut.«

»Das hier war eine stille Messe im Vergleich zu dem Krach, der uns in der Sixtinischen Kapelle in Rom erwartet«, klärt Florian ihn auf, und dann, seine Stimme hebend: »Beeilen, bitte!«

Vor dem Kapelleneingang warten Giselher und Erwin auf sie. Ersterer hat seit dem Erscheinen des »Schwagers« seiner natürlichen Schnöseligkeit ein beunruhigend gutes Benehmen übergezogen. Jou fürchtet demnach, daß er Hans bereits in Florenz um eine milde Gabe angehen wird.

Gemeinsam hetzen sie hinter der Tete der Gruppe – Florian und dem wißbegierigen Primus – her, die Straße hinunter, werfen sich – preußischen Gehorsam in den Knochen – zwischen Vespas, schrill hupenden Autos und Pferdehufen hindurch zum gegenüberliegenden Straßenufer.

Sie müssen heute noch kilometerweise Kunst betrachten.

»So 'ne Stadt wie Berlin ist doch weniger anstrengend für auswärtige Besucher«, keucht Hans neben Jou, an deren Füßen die venezianischen Wunden wieder aufbrechen. »Bei uns sind die pompösesten

Bauten heute Versicherungsgebäude, die man nicht gesehen haben muß. Unsere Ruinen sind zu jung für den Baedeker, und unsere berühmtesten Söhne stammen zumeist von außerhalb. Aber dieses Florenz – wo man hinspuckt, eine Kostbarkeit, große Namen . . . das reinste Museum, aber keine Stadt.«

Sie hetzen in Eilmärschen durch die Gassen. Flitzen hinein in den Dom, rum um den Hauptaltar zur Pietà Michelangelos, wieder raus aus dem Dom und hinüber zum Baptisterium, ein steiles Blinzeln hinauf zum Glockenturm Giottos – »Beeilen, bitte beeilen!« – und weiter.

Wenn Jou zuweilen einen Blick auf den dumpftrottenden, schwitzenden Erwin wirft, fühlt sie heißes Mitleid. Für einen Dackel aus dem Grunewald ist Florenz keine erfreuliche Stadt. Zuviel Pflaster, wenig Grünes, im Stadtinnern nicht ein Baum, dafür aber viele Katzen, die er nicht jagen darf. Außerdem sträubt er sich bereits energisch gegen die unwürdige Unterbringung im dusteren Rucksack.

Erwin hat Heimweh, man sieht es ihm deutlich an, und die Liebe der gesamten weiblichen Bus-Besatzung kann ihn über dieses Gefühl nicht hinwegtrösten. Im Gegenteil, sie verschafft ihm neue Leiden. Erwin ist gerne Liebling – wer ist das nicht –, und er frißt alles, was ihm geboten wird: Schokolädchen von Frau Peters, Elfis Salami, zähe Brocken aus »Neumanns italienischem Bäckermuseum«, wie Kümmel Herrn Neumanns Hosentaschen bezeichnet, in denen dieser seit den Dolomiten Weißbrot sammelt, warum, weiß er selber nicht. Erwin soff auch mit Behagen die Büchsensahne, die ihm die Feldherrin auf einer Untertasse in ihrem Zimmer vorsetzte.

Dieses geschah am zweiten Abend ihres florentinischen Aufenthalts, kurz vor dem Schlafengehen.

Kann so ein dummer, kleiner Erwin wissen, daß unverdünnte Büchsensahne seine Verdauung zu ungeahnten Leistungen steigern würde!?

Sie tat es.

Florian, Fichte und Fahrer Krause hatten gerade nacheinander ihre brennenden Füße zum Kühlen ins Waschbecken gestippt und waren – als Folge der kunsthistorischen Strapazen des vorangegangenen Tages – in einen todesähnlichen Schlaf gefallen, als Erwin in seinem Bidet unruhig wurde und leise wimmernd in die Dunkelheit stieg.

Er versuchte es zuerst bei seinem Herrchen, aber das bekam er nicht wach. Darauf stellte er sich am nächsten – Krauses – Bett hoch und leckte ihm das Ohr. Krause kam mit Grunzen und Um-sich-Schlagen zu sich. »Ha? – Was ist denn?«

Erwin wimmerte jammervoll zur Antwort. Davon wachte Florian auf und knipste das Licht an.

»Ich glaube, er muß runter«, sagte Krause.

»Dann wecken Sie Fichte!«

Fichte, Krause und Florian mußten noch mehrere Male während der Nacht den Rucksack aus dem Hotel zur nächsten Straßenecke tragen.

Die beiden Portiers überboten sich an Mißtrauen, und beim letzten Abmarsch, so gegen fünf Uhr früh, brachte Hans nicht mehr den Mut auf, mit seinem elenden Hündchen ins Hotel zurückzukehren.

Er fühlte sich von Nachtportiers verfolgt und wanderte auf Umwegen zum Domplatz, allwo das Herzlieb seine Nächte zwischen großen und kleinen Kollegen aus Europa verbrachte.

Die beiden waren erschöpft genug, um noch zwei Stunden – quer über die Sitze gerollt – im Auto zu schlafen, und ließen sich auch nicht durch die Vorübergehenden beirren, von denen es keiner versäumte, gegen die Wagenscheiben zu bummern.

Nach dem Frühstück nahm Florian Jous Arm und führte sie in einen dämmrigen, stillen Winkel der Hotelhalle. Er war verärgert und schien sich keinen Augenblick mehr an ihre venezianische Nacht, aber allzu deutlich an die vergangene zu erinnern.

»Fräulein Knopf«, begann er, »ich kann es nicht dulden, daß Ihr Freund mit seinem Hund noch einmal ein Hotel in unserer Begleitung betritt. Wegen Erwin möchte ich nicht meine Stellung als Reiseleiter verlieren, verstehen Sie? Man hielt uns ja heute nacht für Subjekte, die das Hotelsilber schubweise im Rucksack aus dem Hause schmuggelten.«

»Das lag bestimmt an der Büchsensahne«, wagte Jou einzuwenden.

»Trinken Sie mal unverdünnte Büchsensahne!«

»Wenn irgendjemand aus der Gruppe, zum Beispiel Düvenasch, sich bei meinem Reisebüro beschwert –« Er brach plötzlich ab, sein Grimm verlor sich unter ihrem Blick in Nachdenklichkeit. »Richten Sie Fichte aus, was ich Ihnen eben gesagt habe.«

»Ja, Florian.«

»Jou –«

Er sprach ihren Namen so spontan, wie man ihn nur sprechen kann, wenn man ihn schon sehr, sehr oft vor sich hingedacht hat.

»Jou, es ist zum ... Warum hast du bloß soviel reisefreudigen Anhang?«

Dann ließ er sie stehen und ging ohne ein weiteres Wort zu den anderen, die am Eingang der Halle abmarschbereit auf ihn warteten.

Alles meine Schuld, daß Hans hier ist.

Alles – deine Schuld, Florian. Warum hab ich ihm mit dir gedroht?

»Hei, Siegi!« rief Giselher, um ein dekoratives Grüngewächs biegend, und zerstörte mit seinem überraschenden Auftritt ihre schöne Wehmut. »Was machst'n du hier, he?«

Sie bedachte ihn mit aller stummen Verachtung, deren sie fähig war, und ging dem Reiseleiter nach. Und ihr Herz war zum erstenmal in ihrem Leben so schwer, daß sie sein Gewicht deutlich fühlte.


14. Kapitel:  *Bruder Erwin in Assisi*

Heute ist Sonntag, und alles, was es zwischen Florenz und Assisi an Männlichkeit gibt, wimmelt festlich gekleidet auf den Straßen. Wimmelt in fauler Feiertäglichkeit auf dem Damm, über den Krause gern fahren möchte, und läßt sich auch nicht durch gellende Huptöne fortschrecken, denn gerade mitten auf der Straße liest sich die Sonntagsbeilage der Zeitung am schönsten.

Jetzt fahren sie durch Arezzo – namentlich bekannt durch Guido d'Arezzo, den Erfinder der modernen Notenschrift, und Herr Kümmel sagt: »Komisch. – Wenn man bedenkt, wie viele bedeutende Männer sich kleine Orte zum Geborenwerden aussuchten, zum Beispiel Tizian, Puccini, Leonardo da Vinci, selbst ich. Stamme auch bloß aus Wulkow, Kreis Stargard. – Gustav da Wulkow«, sinnierte er selbstgefällig vor sich hin. »Klingt ungewöhnlich gut, nicht wahr? – Hallo, Knöpfchen!«

»Ja«, sagt Jou, »klingt sehr schön.«

»Sie lächeln aber mächtig waidwund«, wundert sich Kümmel.

Ohne zu ahnen, daß er indirekt auch für seine Schwester eine Antwort gibt, seufzt Giselher plötzlich: »Es ist schlimm, wenn man sich verknallt und dabei schon anderweitig verknallt ist. Sieh mal, Siegi, zu Hause in Hamburg habe ich Else. Ein nettes Mädchen, aber zu jung. Man kann noch gaa nix mit ihr anfangen. Und nu begegnet mir hier so ein Vollweib . . .«

»Ich hoffe, du fängst mit der Peters auch nichts an!« sagt Jou erschrocken, ihren eigenen Kummer vergessend.

»Warum nich?«

»Denk an Vater, Gisel!« erinnert sie nur, und danach sinken beide in ihr schwermütiges Schweigen zurück.

Der Bus fährt am Trasimenischen See vorbei. Ein Südwind treibt kleine Wellen über seine stille Weite. Jou und Giselher denken beide an ihren Vater, jenen grundordentlichen Mann, der sich alle Mühe gab, seine Kinder zu grundordentlichen Menschen zu erziehen, wobei er besonderen Wert darauf legte, daß ihr ererbter gesunder, nüchterner Menschenverstand durch keine hochtrabenden Ambitionen oder gar eine künstlerische Ader getrübt werde.

Er konnte es jedoch nicht verhindern, daß der Sohn seinen heimlichen Hang zum Höheren übernahm. Knopf taufte seine Kinder Sieglinde und Giselher, obgleich Paul und Grete vollauf für sie genügt hätten. Giselher wird sein Leben lang daran kranken, daß er kein »von Knopf« ist . . .

. . .und vor den Anfechtungen abseitiger Liebe konnte der Vater sie auch nicht bewahren. Wenn Otto Knopf wüßte, daß ein Vollweib die noch knospenfrischen Sinne seines Sohnes zu beunruhigendem Blühen entfaltet hatte, daß sein Stolz Sieglinde eine akademische Partie und zugleich einen prachtvollen Mann wie Hans Fichte aufs Spiel zu setzen im Begriffe war, nur weil ihr Herz zum erstenmal die süßen Qualen einer romantischen Verliebtheit zu kosten bekam – wenn er das wüßte, er kratzte sein Gespartes zusammen und eilte gleich einem heiligen Donnerwetter nach Italien!

Die bloße Vorstellung eines solchen väterlichen Donnerwetters kühlt Giselhers Gefühlsleiden im Nu ab. Dafür wird er sich eines anderen, weitaus prosaischeren Unbehagens bewußt. »Hab ich einen Hunger!«

»In Assisi gibt's Mittag«, tröstete Kümmel.

Assisi. Florian spricht gerade von dem herben Zauber des hellen, steinernen, auf dem dritten Rang eines Bergabhanges gelegenen Städtchens und von dem Manne, der ihm fromme Unsterblichkeit verlieh: Franz von Assisi, Sohn eines reichen Kaufmanns. In seiner Jugend zeichnete er sich unrühmlich durch einen ausschweifenden Lebenswandel aus. Als die göttliche Erleuchtung über ihn kam, sagte er allen weltlichen Freuden ade, gründete den Franziskanerorden, vollbrachte zahlreiche Wunder und ging in die Religionsgeschichte als der liebenswerteste Heilige ein.

»Ich freue mich, daß Erwin uns begleitet«, sagt die Feldherrin. »So lernt er doch wenigstens die Stadt seines Schutzheiligen kennen.«

Düvenasch äußert sich dazu mit einem aufreizend spöttischen, lachähnlichen Geräusch, das die gläubige Ergriffenheit der alten Frau zu erzenglischem Zorn auftreibt. »Sie, Mann! Auf Sie ist der Heilige schon lange tücksch! Treten so einen kleinen, harmlosen Hund mit Füßen, wenn er arglos wedelnd auf Sie zugelaufen kommt. Leugnen Sie nicht! Ich hab's oft genug gesehen! Schämen sollten Sie sich! Dabei hat doch der heilige Franz den Menschen gepredigt, daß sie die Tiere und Pflanzen wie ihre Brüder und Schwestern lieben sollen!«

»Ach nee! Und deswegen muß ich vielleicht sagen: ›Komm her, Bruder Erwin, schmier mir mit deinen Pfoten die Hosen voll!‹?«

Nichts ahnend von dem erbitterten Streit, den seine kleine Unwichtigkeit zwischen den Busnachbarn Düvenasch und Behrend hervorgerufen hat, sitzt Erwin neben Fichte im keuchenden Herzlieb. Sie essen gemeinsam eine Tafel bittere Schokolade – Schokolade ist bekanntlich ein gutes Mittel gegen die Auswirkungen unverdünnter Büchsensahne –, und Fichte spricht mit seinem Hund im friedlichen Märchenerzählerton: »Weißt du, deshalb mag ich den Franz so gern. Er war ein fröhlicher Heiliger, liebte die Sonne und die Blumen und die Vögelein auf dem Felde und alle kleinen Erwins. Und die Onkel Doktors, die viel Geld und Jahre verstudieren, damit sie die Erwins wieder gesund machen können, die liebt er auch. Darum wird er dafür sorgen, daß das Herzlieb uns ohne Mucken bis nach Rom fährt. – Noch ein Stückchen Schokolade?«

Es sei an dieser Stelle noch eine kleine Begebenheit erwähnt, die sich auf der Fahrt von Assisi nach Rom zutrug. Frau Behrend, die Feldherrin, hatte sich Erwins Gegenwart im Bus von Florian und Fichte ausgebeten. Sie hielt ihn auf dem Schoß – ob aus purer Liebe zu dem Dackel oder um ihren Erzfeind und Platznachbarn Düvenvasch zu ärgern, bleibt dahingestellt.

Niemand sprach. Sie waren alle satt vom Schauen und Mittagessen und ein wenig müde vom unvermeidlichen Landwein (warum ist er auch so billig!), und Jou wollte gerade ins Schlafseits hinüberdämmern, als Kümmel sie sanft auf die Schulter tippte. »Gucken Sie mal!« flüsterte er, nach vorn zeigend.

Erwin war mit jener zeitlupenlangsamen, behutsamen Beharrlichkeit, mit der ein kleiner Hund auch das ersehnte Verbotene den Menschen abzuringen vermag, vom weichen, zärtlichen Mutterschoß der Feldherrin auf die eckigen, abweisenden Knie des Tierfeindes Düvenasch umgestiegen. Hockte dort anfangs merklich unbequem, guckte unverwandt mit seinen Korinthenaugen in das Gesicht des personifizierten Ingrimms, legte eine krumme Pfote auf seinen unbeweglichen Arm und rollte sich endlich mit einem tiefen Seufzer zusammen.

Düvenasch rührte sich nicht. Er saß starr da wie eine Vogelscheuche, auf der sich ein Spatz nach Erkennntnis ihrer Ungefährlichkeit zufrieden niedergelassen hat – und tat Jou plötzlich leid.

»Herr Düvenasch«, sagte sie, »wenn Erwin Sie stört, dann werfen Sie ihn einfach runter, ja?«

Aber er guckte sich bitterböse um. »Sei'n Sie doch ruhig! Gerade ist das Kerlchen eingeschlafen!«

Jou, Kümmel, Primus, Radkes, Neumanns, Giselher, Frau Peters, Krause, Florian, Fräulein Herzberg – sie alle werden von Stund an frei von großstädtischer Skepsis sein, wenn von den Wundern des heiligen Franz von Assisi erzählt wird. Denn sie haben eben selbst eins erlebt.

Sankt Peters helle, kleine Glocke läutet die neunte Stunde ein. Gleich Notenlinien zeichnen sich seine Treppen ins matte Licht der Kandelaber. Auf ihnen hocken helle und dunkle Noten, wie zu einer zufälligen Melodie gefügt.

Nüchtern betrachtet handelt es sich um ein paar auf den Kirchenstufen kauernde, schweigend um sich staunende, von ihrer eigenen Unwichtigkeit aufs angenehmste überzeugte Menschlein.

Da hockt zuerst die Feldherrin mit frommen Tränen in den Augen. Sie weint, weil sie zum erstenmal in Rom ist, und auch, weil es wohl das letztemal in ihrem Leben sein wird. Gleich neben ihr wünscht sich Giselher ein Rad, jawohl ein Fahrrad. Und mit dem möchte er über das unwahrscheinlich weite Rund des Petersplatzes flitzen, immer rum um den Obelisken, Mann, o Mann, wäre das ein Spaß!

Hans Fichte denkt, halb seufzend, halb amüsiert: Da stellt man sich dieses Italien von oben bis unten wie ein Plakat im Reisebüro vor – schön bunt, mit Palmen, immer Sonne, Meer, so richtig zum Faulenzen und Verliebtsein. Statt dessen brennen mir die Füße. Und in meinem Kopf sieht es aus wie in einem historischen Museum nach einem Erdbeben. Alles durcheinander. Weiß ich doch nicht mehr, welches Jahrhundert zu welcher Ausgrabung gehört, welche Büste zu welchem Papst und welches Massenmordunternehmen auf welchen Tyrannen zurückzuführen ist. Julier, Borgias, Flavier, Faschisten – Nero, Lucrezia, Piusse und Victor Emanuels, die irren zeit- und hoffnungslos durch mein Gedächtnis. Was mein Freund Philip, das alte Huhn, wohl hämisch grinsen würde, wenn er mich hier so durch die höhere Bildung wetzen sähe! Hat er doch oft gesagt: »Du, Hans, verstehst auch von nichts nischt außer von deiner Kuharschastronomie.« Muß ihm morgen mal eine Karte schreiben.

Zwei Stufen höher als Hans Fichte raucht Florian eine Zigarette und denkt an Eve. Und wie sie vor zwei Jahren an einem ebenso warmen Septemberabend hier neben ihm gesessen hat – schmal, apart und so intelligent in ihrem Schweigen und in dem, was sie manchmal mit halblauter Stimme zu ihm sagte.

Jetzt ist Jou da – ihr sanft geschwungener Nacken, die mondblasse, duftende Helligkeit ihres Haares, die wohlgeformte Linie ihrer Schultern, weich und dunkel aus dem runden Ausschnitt ihres Kleides steigend – Jou! Sie ist dumm, gewiß, aber ihr Anblick hätte jeden Maler jeder Epoche entzückt. Jou – in der reinen, frommen Strenge eines Giotto. Jou – in der stilisierten Melancholie eines Botticelli. Jou – voll barocker Lebensfreude . . .

»Ach, was würde ich gerne mal tanzen gehen«, sagt sie herzhaft in seine Überlegungen hinein, und Herr Neumann neben ihr greift begeistert ihre Worte auf.

»Das wäre eine Idee. Herr Florian – können wir nicht?«

Eine halbe Stunde später hält der Bus mit den Nachtlebenbedürftigen der Reisegruppe vor einem Tanzlokal an der Via Appia antica. Lässiges junges Rom im Abendanzug räkelt sich unter dichten Baumkronen, gebärdet sich so müde, daß Giselher sofort voll Achtung erkennt: Die sind was Besseres.

Eine Frau im strengen Tailleur mit der unvergleichlichen, gelassenen, rauh-melodiösen, blauschwarzen Stimme der Römerin singt zur Band.

Selbst Krause sagt, es kribble ihm bei diesem Gesang auf dem Rücken.

Hans Fichtes Finger schlendern über das Tischtuch zu Jous Hand.

»Knöpfchen, ach, Knöpfchen! Wenn ich mir vorstelle, ich säße jetzt in Berlin, knietief im Alltag – also, dann könnte ich mir in den Dutt beißen.«

Sie sieht in sein glückliches Gesicht, fühlt Reue und Zärtlichkeit zugleich, hat ihn ganz besonders lieb – und kann es doch nicht verhindern, daß ihr Herzklopfen dem Manne gilt, an dem sie sorgsam vorbeischaut. »Hans –«

»Ja, Kindchen, ich dich auch. Unendlich. Und Rom ist eine herrliche Stadt. Selbst Erwin gefällt es hier. So viele Bäume.«

Fichte zeigt sich arglos glücklich. Solange keine Gefahr bestand, war er auf Florian eifersüchtig, denkt sie erleichtert. Seitdem er Grund zur Eifersucht hat, wiegt er sich in Sicherheit. Sein Instinkt muß Schnupfen haben, einen mildtätigen Schnupfen, der ihm jegliche Witterung nimmt. Jou drückt voll bekümmerter Zärtlichkeit Fichtes Hand – und auch ein wenig mitleidig, denn sie weiß, was Hans auch noch nicht ahnt: Bruder Giselher hat Marie Peters zu diesem Ausflug eingeladen. Giselher verfügt aber nur mehr über zweihundert Lire, und Fichte wird die Zeche der beiden mitbezahlen müssen, um Giselher eine Blamage zu ersparen. Armer Hans...

In diesem Augenblick wechselt die Band von den »Drei Münzen im Brunnen« auf »Kornblumenblau« über. Arme greifen von rechts und links unter des verblüfften Florians Ellbogen, er wird von verschieden schunkelnden Seiten fast auseinandergerissen. Man singt kräftig mit, und Elfi Düvenasch freut sich: »Aufmerksam von der Kapelle. Aber wie kommt es bloß, daß sie uns gleich als Deutsche erkannt hat?«

»Ja, sehr aufmerksam«, nickt Florian und wechselt einen tiefen Blick mit Gustav da Wulkow-Kümmel.

Später vermischen sie sich mit der römischen Abendeleganz auf der Tanzfläche. Krause verbeugt sich vor Jou – unterm Tisch knallen Hakken in Erinnerung an seine Militärzeit, sein Mund verzieht sich zu einem unwahrscheinlichen Grinsen:

»Wollen wer, Frollein Knopp?«

Es dauert einige Minuten, aber dann haben sie sich auf ein und denselben Tanzschritt geeinigt, und an dem halten sie fest, ob die Kapelle nun einen Mambo, langsamen Walzer oder Tango spielt.

»Ha'm wer uns doch noch janz jut zusamm'jestuckert, wie?« lacht er, und dann: »Kieken Se mal unsern Kümmel!«

Dieser hat die mächtige Feldherrin am Wickel, betont schweigend, den Kopf mit zusammengepreßten Lippen zur Seite gewandt.

»Er darf mich nicht anreden«, ruft sie erklärend. »Hat der Kerl doch zum Abendbrot eine halbe Zehe Knoblauch gegessen. Wie finden Sie das?«

»Rücksichtslos«, sagt Neumann, der gerade mit seiner Frau vorübertanzt.

Die Band spielt wirklich großartig und unermüdlich. Man ist bereits beim siebenten Tanz. Kümmel und die Feldherrin haben ihre altdeutschen Schwenker aufgegeben und marschieren keuchend, schwitzend, aber unverzagt im Kreise.

Giselher – dünn und verzückt am Bug Marie Peters' klebend, zeigt mit dem Finger auf die beiden. »Wie müde Schildkröten, nöch?«

Marie Peters' kreischt vor Vergnügen, aber die Feldherrin sagt böse:

»Kümmel, strafe ihn für seine Taktlosigkeit. Hauche ihn an!«

»Ach, gnä' Frau«, seufzt Giselher beim achten Tanz ein wenig atemlos, »Sie sind mir vielleicht eine Verführerische . . .«

»Aber, Junge!«

»Nönö, wirklich. Ich mein das ernst. Und wie Sie noch tanzen können bei Ihrem Alter!«

Er spürt nicht, der Unglücksrabe, wie die üppige Marie bei diesen Worten in seinen Armen störrischer wird. »Sie sind doch mindestens so alt wie meine Mutter, aber die kann nicht mehr gut tanzen, die . . .« Er fühlt sich zurückgestoßen, stolpert über seine eigenen Tanzschritte und starrt verdutzt in Marie Peters' Gesicht, das plötzlich so abwehrend kühl und so erloschen ist.

»Flegel—«, zischt sie.

»Aber, gnä' Frau —«, stottert er. »Was haben Sie denn?«

»Mir reicht's«, sagt Marie Peters und läßt ihn in seiner rundäugigen Ratlosigkeit auf der Tanzfläche allein.

Hat er sie gekränkt? Aber womit bloß? Er war doch so galant!

Auch an diesem Abend ist der Wein an allem schuld. Schuld daran, daß gegen Mitternacht die krähende Feldherrin nur mit Hilfe von vier kräftig schiebenden und einem ziehenden Männerarm in den Bus zurückspediert werden kann; schuld daran, daß ihre Nerze verschwinden und Florian seinen Trupp nicht zum Hotel begleitet. Er gibt seinen Führerposten für die Dauer der Rückfahrt an Gustav da Wulkow ab und setzt sich hinter Herzliebs Steuer, nachdem Hans Fichte erklärt hat: »Ich bin total beschickert. Möchte am liebsten hier im Gebüsch übernachten, denn die Via Margutta find ich nie und nimmermehr.«

Er muß sie aber wiederfinden, denn in dieser Straße liegt die kleine Pension, in der Hans und Erwin ein Unterkommen fanden, und Erwin wartet dringend auf seinen letzten Ausgang.

»Nichts wie Ärger hat man mit den beiden«, steht deutlich zwischen den steilen Falten auf Florians Stirn, als er sich mit Herzliebs antiquiertem Mechanismus vertraut macht und das Auto in Richtung Rom wendet.

Kümmel setzt sich indessen neben Krause und greift zum Mikrofon: »Verehrte Damen und Herren. Freunde! Wir fahren jetzt über die Via

Appia, die antikste Straße Italiens, über die schon Gallonen von Römern, Sklaven, Touristen . . .Feldherrin, was schreist du so?«

»Meine Nerze sind weg, und du hast sie gestohlen, Gustav!«

»Beim Suff des Bacchus, diesmal war ich's nicht. Hat jemand die Tiere der Feldherrin, so sage er schlicht und einfach: Hier!« Kümmel fällt vornüber in seine geschwollene Rede, denn in diesem Augenblick fährt Krause an.

Neben Jou kümmert Giselher vor sich hin. Er versteht die Welt nicht mehr – versteht nicht die plötzliche Kühle der angebeteten Frau Peters, was hat er denn bloß so Schlimmes zu ihr gesagt? Versteht nicht, warum sein Schwager so gereizte Nasenlöcher gemacht hat, als er zweitausenddreihundert Lire für ihn im Lokal hat mitbezahlen müssen. Giselher fühlt sich zum Heulen unverstanden, und am liebsten würde er sein Seelendilemma mit einem vernünftigen Menschen besprechen. Aber wo – in diesem Bus – befindet sich ein vernünftiger Mensch? Jeder hat mit seinem Schwips zu tun, und Jou –? Manchmal kann sie ja wirklich unerwartet nett sein, vergißt aber niemals, die ältere Schwester hervorzukehren. Im Augenblick ist sie auch gar nicht ansprechbar, lehnt in ihrem Sitz, himmelt die Busdecke an und japst ab und zu wie ein sehnsüchtiger Karpfen.

»Wir wollen ›Mariechen‹ singen!« ruft Neumann und hebt auch gleich zu dichten an.

> »Mariechen war's so schwer ums Herz, schwer ums Herz,
> schwer ums Herz,
> Denn sie vermißte ihren Nerz, ihren Nerz.

Alle mitsingen:

> Da kam der schöne Königssohn, Königssohn . . .«

»Ruhe!« brüllt Kümmel ihn nieder. »Wir nahen uns gleich dem Kolosseum. Rechts und links sehen Sie römische Reste. Rauf und runter – alles römisch. – Krause, bitte, rechts rum fahren!«

> »Mariechen, warum weinest du, weinest du,
> weinest du?

Ich schenk dir neue und mein Schloß dazu,
Schloß dazu!«

Sie singen von Mariechen und ihren verlorenen Nerzen und dem schönen Königssohn, der ihr neue Nerze, sein Schloß und Herz zu Füßen legt. Sie singen Mariechen durchs nächtliche Rom, durchs antike, mittelalterliche und moderne.

»Halt!« ruft Kümmel plötzlich. »Wir haben uns verfranzt. Hier geht's nicht Richtung Petersdom. Fahren wir lieber jetzt mal links herum.«

Krause fährt links herum, immer links, durch die Wildfremde.

Und es ist gewiß nicht ganz einfach, aber mit Kümmels Hilfe gelingt es ihm doch: Sie landen nach zehn Minuten wieder am Kolosseum.

Rom bei Nacht wird ihnen immer bekannter, das antike, mittelalterliche und moderne. Mariechen heiratet indes den Königssohn. Es ist die Hochzeit des Jahres, und viele, viele Reporter und Fotografen finden sich dazu ein . . . fragen Sie Herrn Neumann, den Buspoeten.

Rudi und Elfi nutzen Papachens Abwesenheit – er hat an ihren nächtlichen mondänen Vergnügungen nicht teilgenommen –, um ausführlich miteinander zu kosen.

Und die Feldherrin fummelt den Boden nach ihren Nerzen ab.

Mariechen gebiert inzwischen drei stramme Söhne, die da heißen Giselher, Gustav und Prinz Rudi.

Kümmel weint: »Falsch, Krause, wieder falsch. Da lang geht's höchstens nach Potsdam. Wir müssen sooo rum fahren!«

Sie fahren »sooo rum«. Rom ist indessen schlafengegangen. Mariechen findet in dem Lateinlehrer ihres Sohnes Gustav einen Seelenfreund, und die Feldherrin sucht ihre Nerze.

»Jetzt sind wir gleich da!« verspricht Kümmel.

Sie lugen gespannt nach vorn – und schlagen sich auf die Schenkel vor Vergnügen, denn das, was da mächtig, düster und zum drittenmal in dieser Nacht vor ihnen auftaucht, ist das Kolosseum.

Aber einmal landen sie, ganz durch Zufall, vorm Hotel. Es ist ein Palazzo aus der Renaissancezeit mit unendlich vielen Gängen, Vorzimmern, Galerien, nochmals Gängen, Nischen, Treppchen, rauf und runter. Jou wandert, die Schuhe in der Hand, von Falsch zu Falsch und will schon verzagen, da begegnet sie Gustav Kümmel. »Na, Mädchen, suchen Sie das Kolosseum?« dröhnt er gemütlich.

»Nein, mein Zimmer. Ich kann's nicht wiederfinden«, jammert sie und läßt sich auf ein wunderschönes Gobelinsofa fallen, das vorwurfsvoll knarrt, als sich der schwere Kümmel neben sie setzt.

»Piekfeines Hotel. Hat leider zu wenig Wegweiser.« Sein Arm sinkt schwer und väterlich um ihre Schulter. Schweiß-, Wein-, und Knoblauchdüfte hüllen sie ein, während seine Finger einen vergnügten Takt gegen das alte Holz klopfen. Er lacht. »Wenn man bedenkt, was in einer italienischen Woche aus uns allen geworden ist. Giselher steigt der Generation seiner Mutter nach. Die Feldherrin säuft. Rudi wagt es, Papachen zu widersprechen, dieser läßt seinen Grimm von einem Dackel bezähmen. Radkes sind frisch verliebt, der Primus läßt sich Koteletten wachsen. Neumann entdeckt seine poetische Ader, und Fräulein Herzberg hat heute abend zum erstenmal Lippenstift benutzt. Für wen wohl???« Er gähnt melodiös. »Bin gespannt, was sich noch alles auf dieser Reise ereignen wird.«

»Ich auch. Ach, Herr Kümmel, wenn Sie wüßten . . .«

»Aber ich weiß es doch, Mädchen, habe schließlich Augen im Kopf. Und außerdem – bin ja selbst in meinen hübschen Jahren durch diese schwierig-schöne Ratlosigkeit gewatet, dicke Seufzer ausstoßend, während meine Phantasie dabei polygame Kapriolen schlug. Donnerwetter Gustav«, sagt er zu sich selbst, sein Ohr kratzend, »das hast du aber schlicht formuliert!« Und dann ist nur noch Mitgefühl in seiner Stimme, sehr viel Verständnis, so daß nicht einmal der Knoblauchgeruch stören kann, der es begleitet. »Quäle dich ruhig ein bißchen herum, mein Mädchen, träume und seufze, wälze dich auf heißen Laken . . .«

»Herr Kümmel, es ist gar nicht so ein schöner Zustand, wie Sie glauben. Es ist so schrecklich, zwei Männer auf einmal zu lieben.«

»Es ist nicht so sehr schrecklich, zwei zu lieben, als sich für einen von beiden entscheiden zu müssen. – Wenn du jetzt auch denken magst: Laß den ollen Zausel ruhig reden, was versteht er schon von meinem Seelendilemma. Eins darfst du dem Zausel glauben, Mädchen: Es gibt keine süßere Erinnerung als die an das einmal ersehnte Ungeschehene.«

»Was meinen Sie damit?«

»Du wirst schon von selbst dahinterkommen. So, und jetzt gehn wir schlafen.« Er erhebt sich, Jou sammelt ihre Schuhe auf, und gemeinsam machen sie sich auf die Suche nach ihrem Hotelzimmer. »Die Nerze der Feldherrin hat übrigens der Rudi gestohlen. Er will sie Papachen ins Bett schmuggeln, weil er sie doch so gerne mag. Blöde Idee, zeigt aber, daß der Junge anfängt, selbständig und mutig zu handeln. – Gute Nacht, Mädchen.«

»Gute Nacht, Herr Gustav da Wulkow, und – es ist sehr schön, daß gerade Sie in unserem Bus mitfahren.«

»Danke, Mädchen.« Er klopft auf ihre Wange, und während sie die Zimmertür aufschließt, verhallen seine schweren Plattfußschritte auf dem Gang.

Jou wäscht sich gedankenvoll – jawohl, man kann auch bei einer so prosaischen Beschäftigung wie dem Waschen sehr nachdenklich sein!

Dann legt sie sich in ihren imitierten Renaissance-Pfühl. Liegt da, ganz klein und unzufrieden und sehr sehnsüchtig . . . und hört endlich die Schritte auf dem Flur, auf die sie – den Schlaf bekämpfend – gewartet hat.

Die Schritte verstummen vor ihrer Tür. Ein Fingerknöchel klopft an das Holz. »Jou . . .?«

Sie antwortet nicht, weil sie vor Aufregung keine Stimme zur Verfügung hat.

»Jou?« fragt es zärtlich, sehnsüchtig, überzeugend.

»Nein, Florian«, ruft sie laut und klammert sich – wie Hilfe suchend – an ihr Kopfkissen. »Ich schlafe schon längst!!!«

»Wirklich – Jou?« fragt seine Stimme belustigt, und sie hat keinen Mut zu antworten.

Dann klingt noch ein amüsiertes Lachen auf dem Flur auf, Schritte, die sich entfernen . . . dann ist es endgültig still.

»Lieber Gott, ich danke dir, daß du mich vor – na, eben davor bewahrt hast«, betet Jou unzufrieden.

. . . und es dauert sehr, sehr lange, bis sie einschläft.

## 16. Kapitel: *Fichte verliert einen Zettel*

Fünfzehn Minuten Aufenthalt am wilden Strand von Terracina. Hans Fichte bleibt mangels einer Badehose auf dem steinigen Ufer zurück und hütet die Kleider. Zwar bot ihm Giselher in einem Anfall von (geldknapper) Großmut seine eigene Hose an, doch kamen Fichte bei ihrem Anblick begründete Bedenken: »Junge, in dem Zwickel würde ich zum öffentlichen Ärgernis!«

Während Gisel selbst in das kümmerliche Dreieck schlüpft, seufzt er: »Weißt du, Schwager, ich bin ein induvidaler Mensch und kann das Getümmel im Bus nich leiden. Soll ich nich das Herzlieb nach Neapel steuern, denn sind wir zwei Männer so ganz unter uns!?«

»Hm«, äußert sich Hans, nicht eben entzückt von der Aussicht: Giselher an Herzliebs Steuer. Doch dann siegt eine Regung über seine Bedenken, die – obgleich edel – doch schon manchen Menschen zu Zugeständnissen verleitet hat, welche ihn hinterher bitter reuten: nämlich Mitleid. Hans fühlt Mitleid mit Giselher, denn sein angebetetes Vollweib Peters hat seit jener unseligen Galanterie im römischen Tanzlokal nur mehr eine eiskalte Schulter für ihn. »Also gut, du kannst nachher mit mir fahren.«

Fünf Minuten später als der Bus rollt Herzlieb aus dem Orte, an ihrem Steuer posiert Giselher. Daneben melkt Fichte die Wasserkuh Florenzia für seinen durstigen Erwin und beobachtet mit ständig wachsender Nervosität die rasanten Fahrkünste des jungen Knopf.

»Um eins bitte ich dich: nimm es gelassen hin, wenn dich ein Lancia Baujahr 56 überholt. Herzlieb ist ein tapferes Mädchen, aber kein Renner mehr. – Junge, paß auf!!! Der Mann will noch ein bißchen leben! – Doch, sie ist wirklich ein tapferes, treues Mädchen, trotz ihrer weiblichen Launen.«

»Tscha, die Weiber!« stöhnt Giselher dumpf.

»Hast du so schlechte Erfahrungen mit ihnen gemacht?« amüsiert sich Fichte.

»Klar, Schwager, du etwa nich?«

»Erinnere mich, des öfteren darüber lamentiert zu haben, besonders in meiner Jugend. Da nahm mich keine für voll. Aber seitdem mir rapide die Haare ausgehen, habe ich ungeahnte Chancen. Verstehe einer die Weiber!«

»Eben, das meine ich ja, Schwager!«

Sie fahren jetzt über die endlose Gerade, die sich durch die ehemaligen Pontinischen Sümpfe zieht. Erwin hat sich auf Fichtes Knien hochgestellt und genießt mit flatternden Ohren den Fahrtwind. Sobald er einen Bauern mit seinen schwarzen Rindern gewahrt, bellt er unflätig.

»Und nun erzähle mir mal ein bißchen von Jou«, sagt Hans. »Wie war sie als kleines Mädchen?«

»Na —« Giselher ist völlig uninteressiert an diesem Thema und darum auch nur zu den kürzesten Aussagen bereit, »sie war, wie wohl alle älteren Schwestern sind – ziemlich zickig. Bildete sich wer weiß was auf die Jahre ein, die sie mir voraushatte.«

Das ist allerdings eine Zickigkeit, die sich mit zunehmendem Alter von selbst kuriert«, meint Fichte, »aber...«

»Nönö«, protestiert Gisel, »da schlägt sie ins Gegenteil um. Denn wie ich der Peters gesagt habe, daß es mir gar nix ausmacht, daß sie soviel älter is wie ich...«

»Hast du ihr das wirklich gesagt?« staunt Hans dazwischen.

»So ähnlich schon —« Gisel beugt sich vor und pliert auf die sonnenhelle Straße, sein Tempo verlangsamend. »Guck doch, Schwager! Die Frau da winkt wie verrückt! Ich werde mal anhalten.«

Und er bringt das Herzlieb mit verwegenem Bremsenkreischen hinter einem roten Buickkabriolett mit amerikanischer Nummer zum Stehen.

Eine Frau, überschmal und hochbeinig wie ein New Yorker Starmannequin, nicht mehr ganz jung, aber hinreißend gealtert – kurz, eine Frau, wie man sie niemals als Tischdame noch als zufällige Nachbarin im Kinoparkett erhält, nur erträumt, kommt winkend auf Herzlieb zugelaufen. Mit einem knappen, bedauernden Lächeln und rauher Stimme sagt sie etwas, das Fichte nicht versteht, nachdem er Erwins kläffende Schnauze zuhält.

»Ihr ist das Benzin ausgegangen, ob wir ihr aushelfen können!«

»Sure, Lady«, sagt Giselher hingerissen. Mit Feuereifer schleppt er die beiden Benzinkanister aus Herzliebs Kofferraum zum Buick, füllt seinen Tank – wie bitte, oh no, sie haben selber noch genügend Brennstoff bis Neapel, da könne sie ganz beruhigt sein. Was, bezahlen? Aber Lady, das kommt doch nicht in Frage. Die Dame lächelt reizend, es wäre extremely kind von ihnen gewesen, ihr zu helfen, und sie hopes, sie wiederzusehen. Letzteres ist natürlich nur eine Höflichkeitsformel. Hans Fichte sitzt indessen sprachlos vor Verblüffung im Auto. Während der Buick breit, lautlos und funkelnd rot in Richtung Neapel davonschießt und bald nur mehr ein winziger, leuchtender Punkt am Horizont ist, kehrt Giselher händereibend ans Steuer zurück. »Dolles Weib, was? Die hatte Rasse!«

»Doller Schwager, den ich da mal mitbekomme«, knurrt Hans, zum erstenmal ernstlich böse. »Sag mal, hast du dir eigentlich unsere Benzinuhr angeguckt? Ist dir klar, daß wir nach zwanzig Kilometern ebenfalls trocken sitzen, sofern wir nicht vorher eine Tankstelle finden, was in dieser gottverlassenen Gegend geradezu ein Wunder wäre!? Ist dir klar, daß wir uns die Arme beim Winken ausrenken können, ehe einer anhält, um uns auszuhelfen!? Gegen teures Geld natürlich nur. Der Idiot, der einem in Italien zwanzig Liter Benzin schenkt – und noch dazu vom besten! –, der ist bloß einmal vertreten. Aber sein Wahnsinn tut ihm ja nicht weh, für all seinen Wahnsinn kommt ja der dumme Fichte auf!«

Geizkragen, zischt Giselher in sich hinein, und: »Ungebildeter Kerl, weiß nich mal, wie man sich einer Dame gegenüber zu verhalten hat.«

Bereits nach achtzehn Kilometern sagt Herzlieb: Nun ist Schluß! Und sie rollen an den Straßenrand. Über ihnen ist blauer Himmel und strammer Sonnenschein. Rundherum ländliche Gegend. Fünfhundert Meter ab ein zerfallener Bauernhof. Und weder von rechts noch von links ein Auto. »Jetzt winke, mein Sohn«, sagt Hans, die Arme verschränkend. Giselher ersticht ihn mit einem Blick und steigt aus. Am südlichen Horizont taucht ein Bus auf, aus Stuttgart, wie sie bei seinem Näherkommen feststellen können. Giselher winkt wie verrückt – der Fahrer hupt einen Gruß, sämtliche Insassen schwenken herzhaft ihre Taschentücher. Vorbei. Nichts bleibt ihnen als die Trauer über eine einmalig gute, mißverstandene Gelegenheit.

Von Rom her drei verkappte Rennfahrer – heulende Motoren – schon am südlichen Horizont. Aber dann endlich ein hochbeiniger Lastwagen, auf dem schon Mussolinis Schwarzhemden die Giovinezza gegrölt haben mögen. Krachend und quitschend hält er an. Sein junger Fahrer besitzt die grimme Schönheit Giulianos, des Banditenhäuptlings. Unter Mitwirkung aller Glieder macht Fichte ihm sein Anliegen klar. Der andere grinst und nickt. Doch, könnten sie haben. Fünf Li- ·ter? Gut. Und dann schreibt er in Herzliebs Staubschicht eine Ziffer, die das Doppelte des normalen Benzinpreises beträgt. »No – niente!« schreit Hans verärgert. Der Mann will achselzuckend wieder in sein Ungetüm klettern – er gibt sich schließlich nicht mit knausrigen Deutschen ab, die immer glauben, mit den Neapolitanern handeln zu müssen –, aber Hans reißt ihn zähneknirschend auf die Straße zurück, und man einigt sich auf den halben Überpreis.

Kurz vor Neapel zwingt Hans eine wichtige Frage, den Verkehr mit seinem mißratenen Partner wiederaufzunehmen.

»Wie heißt denn das Hotel, in dem die Gruppe absteigen wird?«

»Weiß ich nicht. Dachte, du wüßtest es, Schwager!«

»Hab's irgendwo auf einen Zettel geschrieben.« Er durchsucht seine Anzugtasche, den Handschuhkasten, das ganze Herzlieb, endlich und immer nervöser auch die Koffer und sämtliche Kleidungsstücke in ihnen, die Taschen enthalten. Er findet zahllose Eintrittsbons für Kirchen, Katakomben und Museen, aber keinen Zettel, auf den Jou den Namen des neapolitanischen Hotels geschrieben hat.

»Was ist eigentlich heute für ein Tag? Vielleicht Freitag der Dreizehnte?«

»Wieso«, fragt Giselher.

»Weil alles so glattgeht, darum!«

»Wir werden die Gruppe schon finden, keine Bange, Schwager. Neapel ist doch ein Nest. Und denn möcht ich dir ja was raten: du darfst nich so nervös sein, sonst kriegst du die Managerkrankheit. Guck mich mal an, ich bin ganz ruhig, nöch?«

## 17. Kapitel: *Sorgen*

Neapel sehen und sterben! Dieser klassische Ausruf ist Jou seit der Schulzeit bekannt und hat den gleichen Eindruck auf sie gemacht wie eine recht unwahrscheinliche biblische Begebenheit, wonach Lots Weib zur Salzsäule erstarrte, als sie sich nach dem brennenden Sodom umsah.

Jou konnte sich nie entschließen, was sie unangenehmer fand: sich nach Sodom umgucken und Salzsäule werden oder Neapel sehen und sterben.

Inzwischen hat sie von Florian erfahren, daß das Zitat »Vedi Napoli e poi muori!« als überschwengliche Liebeserklärung aufzufassen ist, die sich weniger auf die Stadt als auf den herrlichen Golf bezieht. Denn Neapel selbst . . .

Sie steht gerade auf dem fußbreiten Balkon ihres Hotelzimmers im tiefsten Mittendrin der Stadt und hat das Gefühl, sich auf einer tollwütigen Kirmes zu befinden. Ein Händler brüllt den anderen nieder, Frauen kreischen, junge Hunde quietschen unter mutwilligen Fußtritten, Kinder johlen, mindestens drei Personen zanken sich immer, es klingt jedenfalls so, und in jedem Hause prüft ein Caruso seine Stimme auf ihre Lautstärke hin. Die schmale Gasse unter ihrem Fenster ist gleichzeitig Waschküche, Kneipe, Ausguß, Warenhaus, Schlafstube, Mülleimer – und manchmal weiten sich Jous Augen vor blankem Staunen, ehe sie rasch weggucken.

»Ist dieses Neapel nicht einmalig?« fragt Florian vom Balkon schräg über ihr.

»Einmalig schon«, sagt sie gedehnt und dann: »Herr Florian, meine Mannen sind noch immer nicht eingetroffen. Ich habe so Angst, daß etwas passiert sein könnte. Sie müßten seit vier Stunden hier sein!«

»Machen Sie sich keine Sorgen«, sagt er leichthin. »Sie werden eine Panne haben. Spätestens morgen früh stürmen sie Neapel.«

Während Florian also auf Jous helles, sorgenvolles Haupt hinabtröstet, stehen die Vermißten am Hafen und starren in dumpfer Ratlosigkeit vor sich hin. Erwin mauzt vor Hunger, Giselher jammert um seine Koffer, und Hans sorgt sich über die Sorgen, die sich Jou bestimmt um sie machen wird.

Ein Händler pirscht sich an die verlorenen drei heran, wickelt ein Gebiß aus schmuddligem Seidenpapier, und es kostet Hans einen wütenden Wortschwall, den Mann davon zu überzeugen, daß er mit seinen eigenen Zähnen noch recht zufrieden sei.

»Fah'n wir zum fünftenmal die Stadt ab, Schwager. Vielleicht finden wir irgendwo den blauen Bus.«

Fichte stöhnt. Er hat noch immer nicht ergründen können, nach welchem tollkühnen System in Neapel Auto gefahren wird, aber eins hat er gelernt: diejenigen, die wie aufgescheuchte Hühner zentimeternah an kreischend stoppenden Kühlern vorbei über die Dämme flattern, das sind Touristen. Ähnlich, wenn auch nur im Herzen flatternd, gebärdet er sich an Herzliebs Steuer in den Straßen, und er mag nicht mehr fahren, aber was soll er machen?

Seufzend steigt er in den Wagen, zur gleichen Zeit, da der bereits bekannte rote Buick weichfedernd ins Hafengelände einbiegt. Die Amerikanerin steigt aus, spricht mit einem Hafenbeamten, schaut sich suchend nach einem Träger um, und Fichte greift vorsichtshalber nach Giselhers Arm.

»Hier bleibst du«, sagt er streng, »sonst engagiert sie uns als Kofferträger. Ist ja bereits an unsere ungewöhnliche Großmut gewöhnt.«

Die Frau schließt den Wagen ab (sie ist wirklich sehr apart), ein Träger lädt ihr Gepäck auf, sie verlassen den Parkplatz, und da hält es Giselher nicht länger. »Muscha woll fragen, wie ihr das Benzin gefallen hat.«

Er entwetzt, die Hacken am Hosenboden, und Hans bleibt verärgert zurück. Streitet sich mit einem Schuhputzer über den Grad der Putzbedürftigkeit seiner Slipper, wobei ihre Ansichten weit und laut auseinandergehen, und atmet auf, als sich Giselher endlich zu ihm zurückschlenkert.

»Sie fährt nach Capri, Schwager.«

»Soll sie. Wir durchstreifen jetzt noch einmal Neapel. Steig schnell ein!«

»Aber es ist doch gleich dunkel! Heute abend können wir niemand mehr finden. Und morgen früh fahren unsere Leute schon um halb acht nach Amalfi.«

»Du sollst endlich einsteigen, Junge!«

»Übermorgen trifft unser Trupp in Capri ein. Ich hielte es für das beste, wir führen jetzt gleich auf die Insel. Da finden wir sie am ehesten wieder.«

Fichte schaut Giselher von der Seite an – und einzig der Gedanke, daß dieser Knabe, dem er all sein Leid zu verdanken hat, Jous Bruder ist, hält ihn davon ab, allzu giftig zu werden. Er sagt: »Dir spukt die Amerikanerin im Kopf rum, wie? Die Anbetung bleibt die gleiche, bloß das goldene Kalb wechselt, das heißt, bei deinen Damen kann man schon ruhig von ausgewachsenen Rindern sprechen.«

»In fünfzehn Minuten geht ein Dampfer nach Capri, hat sie gesagt«, bohrt Giselher unbeirrt weiter. »Soll ich Billetts besorgen, oder willst du . . .?«

Zwanzig Minuten später sitzen sie auf dem Achterdeck des friedlich rauschenden Dampfers. Vor ihnen wächst die Bucht in die Breite, ein Lichterkollier schlingt sich sanft und kostbar um ihren Hals. Die schwarzen Abhänge sind mit Lichterfunken besät, und eins dieser unzähligen, flimmernden Pünktchen gehört zu dem Hotel, in dem sich Jou jetzt um sie sorgt. (Ach, wenn sie sich doch wirklich ein bißchen sorgen wollte!)

Unter Fichtes zugeknöpftem Dufflecoat schläft Erwin in hungriger Ergebenheit. Neben ihm, in weißen, weichen Flausch gehüllt, die Füße auf die niedrige Verstrebung der Reling gestützt und Giselhers Balzen gelassen überhörend, lehnt die Amerikanerin.

Sie heißt Mrs. Joan Parker, und lebt seit einem Jahr mit ihrem Mann in Rom. Eine geschäftliche Verhandlung hat seine Abreise von dort verzögert. Er wird ihr erst in drei Tagen nach Capri folgen können. Wenn Mr. Fichte sein Zimmer so lange haben möchte? Er würde heute abend wohl schwerlich ein anderes Quartier auf der Insel finden. Mr. Fichte sagt, das sei wonderful, und fleht zu seinem lieben Gott: »Gib, daß sich dieses Zimmer nicht in einem Luxushotel befindet!« Die hohen, unvorhergesehenen Geldausgaben, zu denen Giselhers Anwesenheit ihm verhalf, haben Hans bereits zum Heulen mürbe gemacht. Aber das Parfum, das der Nachtwind aus Mrs. Parkers Haar zu seiner Nase weht, die Nacht selbst, der Anblick der glitzernden Bucht . . . Hans Fichte müßte nicht Hans Fichte sein, um trotz aller finanziellen Sorgen das prickelnd Abenteuerliche seiner Situation zu genießen. Er streicht zärtlich über die Wölbung seines Mantels, unter welcher Erwin pustet. »Braver, vorwurfslos ergebener, unermüdlicher Sancho Pansa Erwin. – Aber die Parker duftet wirklich verdammt gut!«

»Schwager, hast du gehört?« ruft Giselher von ihrer rechten Seite, schuddernd vor Kälte und Aufregung. »Mrs. Parker erzählt gerade, sie wohne nicht im Hotel, sondern in der Villa, wo ihre Freundin auf Anacapri besitzt. Stell dir vor, wir werden in einer Villa wohnen! Und alles bloß wegen dem Benzin, wo wir ihr geschenkt haben. Und – wem hast du das zu verdanken, Schwager? Mir! Dem Giselher Knopf. – Schwager!«

»Ja doch!«

»Ich hab nix zum Anziehen mit. Du hascha auch nix Vernünftiges. Denn müssen wir uns in Capri vollkommen neu einkleiden, nöch?«

Hans nickt abwesend. Es könnte wirklich alles wunderschön sein, wenn es nur billiger wäre – und wenn es keinen Florian gäbe, der jetzt zwei Tage lang ohne Fichtesche Aufsicht um Jous dummes Kleine-Mädchen-Herz werben darf.


18. Kapitel: *Südliche Nächte*


In Rom herrschte eitel Frieden unter den Busfahrern. Sie begegneten einander mit Gelassenheit und Wohlwollen.

Kein Wunder, denn ihr Blick durfte nach Verlassen des Hotels weit ausschweifen – bis zu den erhabenen Bauten der Engelsburg und des Petersdomes. Sie waren an würdevolle, stille Weite gewöhnt und am nächsten Abend in der lärmenden, schlampig-stickigen Enge neapolitanischer Gassen eingeschlossen. Der Blick prallte gegen schwitzende Mauern oder durch ein geöffnetes Fenster auf intimes Familienleben. Die Füße taten auf einmal bewußt weh, die Nerven meldeten sich, das Wohlwollen gegenüber den kleinen Schwächen und Besonderheiten der Mitreisenden schwand, Gereiztheit wurde groß geschrieben, und eine nicht funktionierende Nachttischlampe, ein tröpfelnder Wasserhahn – irgendeine winzige Begebenheit löste einen tränen- und wortreichen Streit aus.

Es muß sich in jener ersten Nacht in Neapel, da Jou vor Sorge um ihre Mannen nicht schlafen konnte, recht Unerfreuliches getan haben, denn am nächsten Morgen herrschte an einigen Frühstückstischen eisiges Schweigen.

Aber nur vier Personen trugen ihren Streit dem Robert Florian vor, zwei weibliche und zwei männliche.

Die weiblichen: Frau Küßnich und die Feldherrin. Sie teilten vom ersten Tag an ihre südlichen Nächte, und bisher ging das auch recht gut. Die Feldherrin ist geduldig und verträglich und Frau Küßnich eine liebe, ältere, nicht übermäßig geistig belastete Dame mit guter Beamtenpension und auf Karakul getrimmten Löckchen. Trotz ihrer Jahre ist sie zu eitel, einen Hörapparat zu tragen. Sie versteht lieber Bahnhof und schenkt den Mitreisenden dadurch manch frohe Minute.

Aber was tut es, wenn Mussolini statt Michelangelo die Grabmäler der italienischen Könige in der Kapelle Medici geschaffen hat! Die Medicis würden sich nur freuen, daß Frau Küßnich Könige aus ihnen macht, Mussolini fühlt sich geschmeichelt – höchstens Michelangelo könnte gegen die Verwechslung Einspruch erheben.

Die Feldherrin begegnete dieser Schwerhörigkeit mit rührend geduldigem Gebrüll, und Frau Küßnich hatte bisher nichts gegen das Hobby ihrer Bettnachbarin einzuwenden.

Die Feldherrin liebt nämlich nicht nur Tiere – lebendige und solche zum Umhängen –, sie sammelt auch Pflanzen. Die Feldherrin hat die Ablegersucht.

In Neapel führt sie bereits einen Pinienschößling, ein Agavenjunges, einen Feigen- und einen Zitronentrieb mit sich. Außerdem erstand sie in Florenz ein reizendes Zierbäumchen mit rosa Blüten, dessen Ballen – in poröses Sacktuch gebunden – neben Florian auf dem Führersitz blühen und Erde streuen darf. Von Fiesole stammt der kleine, weißblühende Oleander und aus der Umgebung Neapels ihre Feigenkakteen.

Sobald sie eine Stadt erreichen, schreitet die Feldherrin zur Wässerung ihres botanischen Gartens. Diese findet im gemeinsamen Hotelwaschbecken statt, in der das Gros an reisender Vegetation auch die

Nacht verbringen darf.

Frau Küßnich nahm es freundlich seufzend hin, daß ihre Waschlappen sich erdig anfühlten. Auch das ungewöhnliche Knirschen beim Zähneputzen beanstandete sie nicht.

Aber in jener ersten Nacht in Neapel, in einem düster tapezierten Zimmer voll stickiger Luft und gereizter Atmosphäre, beim müden Schein einer abgeschirmten Nachttischlampe, beim Anblick eines Oleanders und eines rosa blühenden Bäumchens vor ihren unteren Bettpfosten, da platzte Frau Küßnich der Kragen der Geduld. Da soll sie so laut, daß es Neumanns noch im Nebenzimmer hörten, »Ich hab's satt, vor meinem Tode in einem Krematorium zu schlafen!« geschrien haben und: »Raus mit dem Zeug, aber dalli!«

». . .und stellen Sie sich vor, Herr Florian«, weint die Feldherrin am nächsten Morgen, »springt diese Person doch aus dem Bett, greift alle meine Ableger aus dem Waschbecken und schmeißt sie zum Fenster hinaus. Gerade die Bäumchen konnte ich noch retten!«

Florian ringt müde die Hände. Der Posten eines Reiseleiters ist schon schwer genug ohne Ableger, Schwerhörigkeit und verlorene Herzliebs, nach deren Besatzung er heute früh an alle Ortschaften zwischen Terracina und Neapel vergebens telefonierte.

Jetzt brodelt auch noch ein Streit zwischen Kümmel und dem Primus auf.

Die beiden sind ebenfalls Bettnachbarn. Aus ihrem Zimmer tönt selten ein Laut – es sei denn strammes Schnarchen. Der Primus behauptet, Gustav zersäge pro Nacht einen kompletten Pinienhain, und wenn das noch Wochen so weitergehe, dann wäre er mit den Nerven fertig und Italien kahl! Kümmel hingegen meint, der Primus unterstütze ihn mannhaft beim Roden.

Dieser geht meistens nach dem Abendbrot zu Bett. Dafür steht er aber auch um fünf Uhr nachts auf, um Freiübungen zu machen.

Kümmel: »Vom Knirschen seiner morschen Knochen wache ich jedesmal auf.«

Primus, giftig retour: »Aber wenn Sie nachts ins Zimmer stolpern – voll wie tausend Mann – und dreimal von der Bettkante trudeln, ehe Sie einen Stiebel aushaben, und mir dann noch Ihren Schlips ins Gesicht feuern – das ist gar nichts, wie? Ich habe das Glückslos mit Ihnen gezogen, wahrhaftig! Der döllste Suffkopp Europas muß ausgerechnet mein Bettnachbar werden.«

Kümmel, wehleidig: »Und was hab ich für 'n Fang mit Ihnen gemacht? Nicht nur, daß Sie zu völlig unanständigen Zeiten turnen, nein, Sie drehen nachts auch noch Filme auf.«

Primus, mit erhobenem Zeigefinger: »Aber nur unter der Bettdecke!«

Florian, mit elendem Gesichtsausdruck: »Meine Herren, wenn Sie sich absolut nicht vertragen können, muß ich Sie mit jemand anderem zusammenlegen.«

Kümmel: »Am liebsten wär's mir mit unserem Knöpfchen.«

Primus, empört: »Lustmolch, Mensch! Die Kakteen der Feldherrin kriegen Sie ins Bett!«

Einen Augenblick herrscht ratlose Stille, dann legt sich Kümmels Arm um die runden Schultern seines Streitpartners. »Is ja alles bloß Spaß, nich? Wir bleiben zusammen, Ede, Bettchen an Bettchen. Ich schmeiß dir keinen Schlips mehr ins Gesicht, und du turnst erst ab sieben Uhr früh. Es ist doch so nett mit uns beiden!«

Wie immer, wenn jemand in besonders herzlichem Ton mit ihm spricht, bekommt der Primus feuchte Augen, und sein Gesicht nimmt den griesgrämig-gutmütigen Ausdruck eines Boxerrüden an.

»Meine Damen«, ruft Florian schnell. »Nehmen Sie sich ein Beispiel an soviel männlicher Großherzigkeit! Umarmen Sie sich auch! Los, Frau Behrend, machen Sie den Anfang – na, bitte! Lächeln Sie dabei – wundervoll! Zwei Sorgen bin ich los. Bleibt nur noch die eine. Ich habe heute früh bei allen möglichen Polizeistationen angerufen und die beruhigende Mitteilung erhalten, daß weder zwei deutsche Touristen noch ihr Dackel auf dem Weg hierher verunglückt sind. Nehme an, daß sich Fichte verfahren hat oder unsere Hoteladresse vergaß. Aber spätestens heute abend, wenn wir aus Amalfi zurückkehren, werden sie hier eingetroffen sein. – Bestimmt«, fügt er bekräftigend und voll Überzeugung in Jous Richtung hinzu. »Sie brauchen sich wirklich keine Sorgen zu machen, Jou!«

»Ich fahr nicht mit, Herr Florian. Ich kann doch nicht . . .«

»Unsinn«, sagt er und schiebt sie vor sich her dem Hotelausgang zu. »Sie kommen mit. Nur Ihre Sorgen dürfen Sie hierlassen. Männer wie

Fichte und Giselher, die sind nicht so schnell auszurotten!« Auch diese letzte Bemerkung spricht er voll Überzeugung.


19. Kapitel: *Er chat serr fröllisch gelebben*

Der Vesuv sieht heute nur noch auf älteren Postkarten wie der Vesuv aus. Seitdem er das Rauchen aufgegeben hat und zum pensionierten Vulkan wurde, unterscheidet er sich nicht mehr von anderen Bergen. Höchstens ein paar Lavafelder, um die die Vegetation bisher einen Bogen gemacht hat, erinnern noch an seinen letzten Ausbruch.

Sie fahren an Gemmenschneidereien und Korallenfabriken vorbei zum gründlichsten Opfer seiner Lavaströme und Aschenregen: Pompeji.

»Ach, bitte, Herr Florian, wann fand dieses Drama noch statt?«

»Am 24. August 79.«

Fräulein Herzberg, kopfschüttelnd: »Gott, wie die Zeit vergeht!«

Der Führer in Pompeji sieht aus wie Napoleon III. Er trägt einen schwarzen Regenschirm überm Arm und strömt mit seinen erklärenden Worten betörenden Veilchenpastillenduft über die grünumwucherten Ausgrabungen.

» . . .und nun wirr werden kommen zu das Chaus von Vetti. Er warr eine Schunggeselle, und er chat serr fröllisch gelebben.«

Zumindest hat dieser Vetti selig einen ausgezeichneten Architekten gehabt. Fensterlose Mauern schließen sein Haus von der Außenwelt ab. Vom blühenden Innenhof überblickt man fast sämtliche Räume des Hauses. Leuchtende Wandmalereien im architektonischen Stil ersetzen die Möbel.

» . . .und darum Witze ieber Galan in Schrank nix mögglisch in alltes Pompeji.«

Der Führer empfiehlt den Damen, im Peristyl zu lustwandeln, während er die männlichen Mitglieder der Gruppe gegen eine kleine Extravergütung in ein besonders privates Gemach des Herrn Vetti führt.

Jou weiß nicht, was es in »Nur für Herren« Lockeres zu sehen gibt. Sie kennt nur die Reaktionen der Männer, als sie nach wenigen Minuten zurückkehren.

Rudi, mit hochrotem Kopf: »Mann, o Mann!«

Elfi, begierig: »Erzählste mir nachher?«

Primus, griesgrämig: »Ziemlich übertriebene Darstellungen.«

Neumann, verärgert: »Blitzlicht hätte man mitnehmen sollen, es war so dunkel. Aber wer ahnt denn das!«

Kümmel, grinsend: »Er chat wirklisch serr fröllisch gelebben!«

Florian, dozierend: »Man führt diese Darstellungen auf den ungebundenen, spätalexandrinischen Einfluß zurück.«

Und Düvenasch, empört bis in die Zehen: »Der Vetti, so ein Schwein!«


20. Kapitel: *Lieblinge der Götter*

Mächtige Schaumgebirge rollen vom silbrigen Horizont durch breite Bänder in allen Blauschattierungen, ehe sie gelbsprühend an den Felsen zerschellen. In engen Buchten leuchtet das Meer russischgrün, vor dem Strand honigfarben. Links liegt, in blendendes Sonnenlicht getaucht, die Bucht von Amalfi. Pastellfarbene Häuser, umgestülpte Fischerboote – gelb, rot und grün.

Wenn Jou den Kopf hebt, hat sie das Gefühl, daß die steil aufsteigenden Felsen dem schweren, unbeschreiblich blauen Himmel als Stützpfeiler dienen. Zwischen schwarzem Gestänge terrassenförmiger Gärten leuchten Zitronen, trocknet die Spätlese – und Florian sagt leise vor sich hin: »Unsere glücklichsten Augenblicke sind manchmal diejenigen, in denen gar nichts geschieht.«

Im Augenblick geschieht nichts. Sie hocken nur da auf unbequemen, in die Weichteile spitz einschneidenden Felsvorsprüngen, blinzeln schweigend um sich und – ja, soo, genauso haben sie sich Italien vorgestellt.

Neumann zieht die Stacheln eines Seeigels aus den Fußsohlen seiner Frau, und Elfi Düvenasch schreibt eine Ansichtskarte mit einer Palme im Vordergrund – dem botanischen Symbol nordländischer Sehnsucht nach dem Süden – an ihre beste Freundin in Neukölln. Sie schreibt gerade: »Unser Reiseleiter ist ein gutaussehender Mann – italienischer Typ, ganz schwarz –, aber ich habe ja meinen Rudi.«

Fräulein Herzberg, in des Primus' Bademantel gewickelt, wirft einen neidischen Blick auf die obere Hälfte Jous. Warum hat sie selber bloß so wenig Busen abgekriegt? Und der Primus fotografiert Wellen. Seine rotverbrannten Hände an den laschen, weißen Armen wirken wie Handschuhe.

Es geschieht wirklich nichts bis zu dem Augenblick, da sich Jous und Florians Blicke wie zufällig treffen. »Komm mit«, sagt er halblaut und springt ins Wasser. Jou folgt knapp hinter ihm.

Sie schwimmen aus dem Schatten der Bucht, aus dem Blickfeld der Zurückbleibenden, auf einen meterhoch aus der gelben Gischt ragenden Felsvorsprung zu. Florian schwingt sich zuerst hinauf und zieht Jou nach. »Vorsichtig«, warnt er, »nicht zerschellen!«

Jetzt sitzt sie neben ihm, spürt seine lachende Atemlosigkeit um sich und seine kühle, salzige Haut, langsam von innen sich erwärmend.

Sonne glitzert in Form von Billionen Pailletten auf dem bewegten Meer, hinter ihnen ist steile Felswand, von kleinen Grotten unterhöhlt. Daß sie jemals mit einem Mann außer Hans Fichte so sehr allein sein würde! Daß ihr dieses Alleinsein so sehr behagt – obgleich sie doch vor Sorge um die verlorenen Mannen vergehen müßte!

Und dann sieht sie, daß Florian an der Schulter blutet. Er hat sich am spitzen Felsen geschnitten, und Jou macht erschrocken: »Oh! Tut's sehr weh? Soll ich mal pusten?« Sie beugt sich vor und pustet und spricht dabei den alten Kindervers: »Heile, heile, Segen . . . Jetzt besser?«

Florian küßt sie zum Dank auf den Nacken, aber das ist ein viel zu empfindlicher Punkt für einen Dankeskuß, und Jou fühlt plötzlich eine große, herzklopfende Scheu.

»Wo liegt eigentlich Capri?« fragt sie ablenkend.

»Schräg rechts. Aber Sie können die Insel von hier nicht sehen.« Und dann sagt er: »Schau mich mal an!«

Sie tut es, blinzelnd zwischen feuchten Wimpern.

»Denk doch nicht immerzu an ihn. Es ist bestimmt nichts passiert.«

Himmel, sie hat im Augenblick überhaupt nicht an Hans gedacht. Und um Versäumtes nachzuholen, seufzt Jou nicht ohne Bühnendramatik: »Was soll ich dagegen tun!? Ich sehe ihn deutlich vor mir. Verunglückt. Er stöhnt meinen Namen . . . Ach, es ist schrecklich, Florian.«

»Ja«, nickt er nach einer Weile und macht dabei ein undurchdringliches Gesicht.

Jou wartet. Jetzt wird er sie trösten – nicht gerade wieder auf den Nacken, aber auf die Wange. Die ist beim Trösten schon erlaubt.

Aber sie wartet umsonst. Florian sagt nur: »Am besten, wir schwimmen jetzt zurück«, und läßt sich vorsichtig ins Wasser gleiten. »Kommen Sie.«

Es bleibt Jou nichts anderes übrig, als ihm zu folgen.


Indessen genießen die verlorengegangenen Mannen ihr capresisches Dasein wie einen Reiche-Leute-Film.

Sie liegen auf der Terrasse der weißen, maurischen Villa, die außer ihnen zur Zeit nur das einheimische Hausmeisterpaar, die göttliche Mrs. Parker und ein New Yorker Hochzeitspärchen, Verwandte der abwesenden Besitzerin, bewohnen.

Ein Wasserfall von violetten Blüten rankt sich um Marmorsäulen, bizarre Schatten über das Mosaik des Terrassenbodens bis zu der Flasche mit gekühltem Capriwein werfend, die griffbereit und oft bewegt zwischen Giselher und Hansens Stühlen steht. O dolce dolce far niente! Sie stöhnen vor Behagen und werden nicht müde, sich ihr unwahrscheinliches Glück zu schildern. Und wenn Hans Fichte nicht zuweilen die Sorge um Jou und seine Eifersucht auf Florian sehr wirklich zwickten, hielte er sein augenblickliches Dasein für eine Vorspiegelung falscher Köstlichkeiten, für den Fiebertraum oder die Fata Morgana eines hungrigen, frierenden, lebesüchtigen Pleitegeiers.

»Na, ist dieses Italien vielleicht eine Wucht?« sagt Giselher und meint dabei Mrs. Parker, die goldbraun, in hautengem Weiß, gerade die Terrasse vom Garten her betritt. Aber nicht nur Giselher, auch Hans befindet sich auf dem schnurgeraden Wege, ein Opfer ihrer geschmeidig gealterten Reize zu werden.

Ihretwegen hat er auch den hohen Preis für die raubtiergemusterte Badehose bezahlt, die sich ein wenig ungewöhnlich an seinen strammen, rosigen Breughelformen ausnimmt.

»Ich habe leckere Sachen eingekauft«, sagt sie englisch, auf ihren Strohkorb weisend. »Und für Erwin etwas besonders Gutes!«

Hans möchte »Sie verwöhnen uns zu sehr« antworten, aber er weiß die Vokabel für »verwöhnen« nicht, und darum beschränkt er sich darauf, »Oh, fine!« zu sagen und einen ungeschickten Kuß auf die feingliedrige Hand zu drücken.

Während sie in die Küche geht, seufzt Giselher: » . . .und morgen ist unser Götterleben zu Ende. Morgen kommen die anderen an.«

»Du wirst zu jedem Schiff zum Hafen hinunterfahren, damit wir sie nicht verpassen«, sagt Fichte und denkt: Götterleben! Götterliebe! Götterlieblinge! Das sind wir im Augenblick. Aber die Gunst der Götter zeigte sich von jeher hauptsächlich darin, daß sie ihren Lieblingen frühzeitig den Garaus machten. Nicht nett von den Göttern.

## 21. Kapitel: *Auf ziemlich hoher See*

Und wenn Florian ihr auch hundertmal versichert, daß Hans, Gisel- her und Erwin nichts Böses zugestoßen sein kann, sie hätten es sonst längst von der alarmierten Polizei erfahren – Jou sieht sie dennoch und immer deutlicher mit zerschmetterten Gliedern in einem armseligen Dorfspital liegen oder von Banditen überfallen und in Berghöhlen ver- schleppt. Allerdings, gegen diese letzte grause Möglichkeit spricht der Umstand, daß sich Giselher noch nicht in Neapel eingefunden hat. Denn spätestens nach einem Tag hätten selbst Banditen seine totale Nutzlosigkeit erkennen müssen und ihn laufenlassen.

Jou ist halbtot vor Sorge und schlaflosen Nächten. Sie weigert sich strikt, am nächsten Morgen mit nach Capri zu fahren. Am gestrigen Tag in Amalfi hielt sie die Hoffnung, die drei abends im Hotel vorzu- finden, noch aufrecht. Jetzt hat sie keine mehr.

Kurz bevor die anderen vom Hotel aufbrechen wollen, wird Florian ans Telefon gerufen. Gleich darauf kommt er, Arme schwenkend, auf Jou zugelaufen. »Wir haben sie, wir haben sie! Das heißt, wir haben Herzlieb. Eben erhielt ich von der Polizei die Nachricht, daß der ge- suchte Wagen mit der Berliner Nummer auf dem Parkplatz am Hafen steht. Bereits seit vorgestern abend. Die beiden Herren und ihr Hund seien angeblich nach Capri gefahren, und zwar mit einer Amerikane- rin, deren Wagen...«

Er bricht ab, als er Jous Gesicht sieht, das plötzlich ganz rund ge- worden ist, so fest beißt sie die Zähne aufeinander.

Nichts empört eine Frau mehr als die springlebendige Treulosigkeit eines Mannes, um dessen Leben sie mit aller Kraft ihres Herzens ge- bangt hat. »Eine Amerikanerin?«

»Der Mann kann sich auch geirrt haben«, sagt Florian schnell.

Doch Jou weiß bereits aus Erfahrung, daß Erfreulichkeiten sich oft als Irrtum erweisen, Hiobsbotschaften dagegen meist auf Wahrheit beruhen.

Ihre Sorge um Hans verwandelt sich urplötzlich in grimmigen Zorn.

Sie schaut Florian an und spürt noch einen Extrazorn: wie viele un- wiederbringliche Gelegenheiten, mit diesem so herrlich gebildeten, gutaussehenden Mann zu flirten, sind ihr durch ihre Sorge entgangen!

Sie fahren zum Hafen hinunter. Es regnet Bindfäden. Der Vesuv hat sich fröstelnd in eine graue Wolke gewickelt, und die wundervolle neapolitanische Wäsche hängt schlapp und regenschwer in den Gassen.

Jou zottelt als letzte auf den ältlichen Dampfer. Sie ist so böse wie das Wetter und möchte mit niemandem sprechen. Die mitleidigen Blicke der übrigen Touristen, die noch nichts von Fichtes und Giselhers capresischem Abstecher wissen, empfindet sie als Hohn. Auch Kümmels Aufheiterungsversuche behagen ihr nicht.

Gleich nachdem der Dampfer den schützenden Hafen verlassen und in die schaumköpfigen, größer werdenden Wellen hinausgerauscht ist, nimmt Gustav da Wulkow die grantige Jou beim Arm. »Komm, mein Mädchen, wir steigen mal rasch zur Bar. Wenn schon, dann sollen die Fische was Ordentliches zu kosten bekommen.« Und: »Buon giorno«, begrüßt er fließend den Mixer. »Was möchten Sie trinken, Knöpfchen?«

»Ich weiß nicht, was mögen die Fische gern?«

»Due Kognaks, per favore.«

Der Mixer spült die Gläser mit zwei Fingern aus und stellt das Gewünschte vor sie auf die Bar.

»Molto Sturmo today, ja?« fragt Kümmel und heult zwecks Erläuterung seines Ausländisch wie der Wind in Kriminalhörspielen.

Der Mixer antwortet mit einem lachenden Wortschwall.

»Was hat er gesagt?«

»Weiß nicht, wird aber schon stimmen. – Eh, Signor! Tutti Personas seemalade, was?« Da der Italiener nicht gleich versteht und Kümmel Anstalten trifft, ihm plastisch und akustisch vorzuführen, was er mit seemalade meint, zieht Jou ihn eilends fort.

Die Bucht von Neapel sieht nirgends nach sonnigem Süden aus, als sie – Kümmel mit flatternden Hosenbeinen, Jou in seinem breiten Windschatten – das Vorderdeck betreten und sich zu Florian, Primus und Fräulein Herzberg unter zwei Regenschirme drängeln.

Zuerst ist es wie das mutwillige Wiegen einer üppigen Bauersfrau, die einem fernen Tanzlied lauscht. Einmal nach rechts über die Hüfte und einmal links, dann eine kleine Verbeugung. Ganz harmlos. Aber sie befinden sich ja noch tief im Schutze der Bucht.

Später werden die Wellen länger und höher. Der Dampfer legt mehr Temperament in seine Tanzbewegungen.

Das eben war schon ein vollendeter Hofknicks.

»Und etwa zwei Stunden dauert die Fahrt noch?« fragt Fräulein Herzberg ängstlich.

In diesem Augenblick rutscht Kümmel auf Jou, Jou auf Primus, dieser auf Fräulein Herzberg, und ihrer aller Gewicht drückt Florian hart an die Reling.

»Das war nichts weiter. Die Bank hat sich bloß gesenkt, gleich steht sie wieder gerade. Sehen Sie?« tröstet Primus seine Nachbarin. »Ein Ärger, daß es regnet. Kommen so viele Tropfen aufs Objektiv. – Interessieren Sie sich für Fotoapparate, Fräulein Herzberg?«

»O jaa, leidenschaftlich.« Ihre Stimme klingt eifrig, doch ein wenig blaß.

»Das hier ist eine wundervolle Kamera, alles automatisch. Die Kurbel spannt Verschluß und Selbstauslöser, bedient den Filmstop und die Belichtungssperre und schaltet, wenn man geknipst hat, automatisch zum nächsten Bild.«

»Wie erstaunlich.« Fräulein Herzbergs Interesse ist jetzt auch nur noch ein automatisch von der Höflichkeit geschaltetes. Ihre Stimme klingt nicht mehr blaß, sondern grün. »Die Bank senkt sich doch recht oft, nicht wahr?«

»Ja, ja.« Primus ist ungeduldig über die Unterbrechung seines Vortrages. »Diese Kamera hat zwei brennweitengleiche Objektive in vollsynchronisiertem . . .«

»Oh –«, macht Fräulein Herzberg wehe und ist die erste, die den Fischen Frühstück, Seele und allen Lebenswillen spendet. Der Primus sieht ihr hilflos zu, bis das Meer plötzlich seinen Rachen aufreißt, der Bug des Dampfers bis zum Schlund hineinstolpert und salzige Lippen sich gierig über dem Oberdeck schließen. Sie fühlen sich sekundenlang verschluckt. Als wieder Himmel über ihnen auftaucht, ist Kümmels Mütze fort, Jous Schirm zerbrochen und ein Matrose da, der sie gellend vom Vorderdeck verscheucht.

Florian hat die völlig durchnäßte Jou in seinen Regenmantel mit eingeknöpft. So schleudert sie – fest an ihn gepreßt, ganz in seine schützende Wärme eingeschlossen – mit dem Schiff auf und nieder, und es ist niemand da, der etwas dabei finden würde.

Es ist überhaupt allen alles egal: das Benehmen der anderen, der Standesunterschied, die Nationalität und das mögliche Ende auf dem Meeresgrund. Der Tod und die Seekrankheit machen die Menschen eben gleich.

»Verstehe das nicht«, brüllt Kümmel gegen den Sturm an. »Irgendwann muß unser Dampfer doch untergehen!«

Oma Radke singt mit zitteriger Stimme: »Aus tiefster Not schrei ich zu dir.« Am Bug der Feldherrin stöhnt ein fremder junger Mann. Der Primus turnt über mehrere Lebensmüde hinweg zu jener Bank, auf der Elisabeth Herzberg willenlos hin und her rutscht. Mit liebevoller Tapsigkeit fängt er ihre schlaff herabschlenkernde Hand ein. »Hallo, Sie! Wollen wir Mariechen singen? Mariechen fuhr auch mal zu Schiff, mal zu Schiff, mal zu Schiff...?« Und die arme Herzberg hat keine Kraft, um mit dem Schnürschuh nach ihm zu schlagen.

Noch fühlt sich der Primus nur als der herrliche Beschützer des armen, leidenden Fräuleins, mehr fühlt er nicht für sie, aber die Rolle gefällt ihm, und er möchte sie beibehalten. Er hat doch noch nie Gelegenheit gehabt, eine Frau zu beschützen. Er hat überhaupt noch nie einer Frau beweisen können, was für ein dolles Mannsbild er ist.

Noch möchte Fräulein Herzberg den Primus zum Teufel jagen. Sie hat sich immer den Schutz eines Mannes gewünscht, und keiner war bisher bereit, ihr solchen zu gewähren. Und jetzt – wo sie mit dem Leben abgeschlossen hat und niemanden sehen noch um sich haben will, da kümmert sich endlich ein Mann um sie. Ich muß abscheulich aussehen, kann sie noch denken, er muß sich doch vor mir graulen. Aber irgendwo tief innen, unter allem Jammer, spürt sie ein winzig kleines, wärmendes, ganz neues Glücksgefühl. Und so beginnt auf einer tobsüchtigen Seepartie zur »schönsten Felseninsel der Welt, ganzjährig blühend«, die späte, ein wenig umständliche Liebe zwischen zwei ältlichen, vereinsamten Junggesellen.

»Wie geht's?« fragt Florian besorgt.

»Och, danke, ich halte schon durch«, lächelt Jou tapfer zu ihm auf.

Es ist bei einem so engen Aneindander in einem Regenmantel nicht zu vermeiden, daß Florians Mund zuweilen über ihre regennasse Stirn streicht. Es ist auch nicht zu vermeiden, daß sie ihren Kopf fest an seinen Hals preßt. Wenn wir untergehen und man uns eines Tages so eng vereint auffischt, denkt sie voll dumpfer Genugtuung, also dann – schade würde es Hans Fichte nichts!

In diesem Augenblick versucht Rudi Staubschläger die Treppe vom unteren Deck her zu überlisten. Kümmel, der ihn dabei beobachtet, brüllt: »Hallo, Rudi! Wie geht's Papachen?«

Da verklärt sich Rudis bleiches, von nassen Haarzipfeln eingerahmtes Gesicht zu überirdischem Leuchten: »Papachen kotzt!«

Anfangs hieß es, daß wegen des Sturmes überhaupt kein Dampfer von Neapel nach den Inseln auslaufen würde, und Giselher – naß bis auf die Haut – wollte frohlockend zur Funiculare eilen und sich zur Villa zurückbegeben, um seinen ›Schwager‹ und Mäzen von der unverhofften Verlängerung ihres Götterlebens zu unterrichten, da wurde die Meldung widerrufen. Es sei doch ein Dampfer unterwegs.

Wie gesagt – erfreuliche Nachrichten erweisen sich öfter als Irrtum.

Giselher verharrt also im schützenden Torbogen, neben sich den zitternden, pitschnassen Erwin. Sein Rücken wölbt sich vor Unbehagen, die kurzen Hinterpfoten sind eingeknickt – er sah nie elender und rattenhafter aus.

Vor dem Hafen klatschen Motorjachten in gelbköpfigen, durcheinanderwirbelnden Wellen, Fischerkähne reißen ungeduldig an ihren Leinen. Die Felseninsel wirkt so grauflimmrig und streifig wie eine alte, abgespielte Filmkopie. Jetzt rollt eine Kutsche mit regenblankem, schwarzem Verdeck ins Bild und hält. Ihr entsteigen die Hochzeitsreisenden aus New York. (Man muß schon sehr verliebt sein, um sich freiwillig in dieses Wetter hinauszuwagen!)

»Hallo!« ruft Giselher und eilt, Pfützen umspringend, auf sie zu. Was er denn hier am Hafen mache, fragen sie. Och, sagt Giselher, er wolle seine Schwester abholen. Die Arme, seufzt die Honeymoonerin, sicher wird sie seekrank sein. Aber wo, sagt Giselher, seine Schwester sei die stürmische Seefahrt von Kindheit an gewohnt. Bereits mit zwei Jahren segelten die Eltern mit ihr auf ihrer Luxusjacht nach Teneriffa.

Die Honeymoonerin denkt: Es scheint in der ganzen Welt so zu sein, nicht nur bei uns, daß die Söhne der Geldaristokratie häufig mit einem wenig reizvollen Äußeren bedacht worden sind. Pferdezähne, fliehendes Kinn, abstehende Ohren, Fistelstimme. Sie kennt mehrere Fälle wie diesen Giselher Knopf.

Er spürt ihr freundliches Interesse – alle verliebten Leute sind ja so gläubig, weil ihnen ihr eigenes Glück gar keine Zeit läßt, an den Worten eines anderen zu zweifeln. Und Giselher schneidet immer waghalsiger auf. Villen, Rennwagen, gräfliche Güter mütterlicherseits. Seine Familie – so hat's den Anschein – setzt sich aus hohenzollernschem Stammbaum und Onassisschem Geld zusammen.

Und dann läuft mit jenen weich ausschaukelnden Bewegungen, die den Seetüchtigsten oft noch im letzten Moment den Magen umstülpen, der erwartete Dampfer aus Neapel ein. Wird vertäut mit viel Geschrei und Gerenne – wenn schon Arbeit, so geschieht sie hier mit lärmender Wichtigkeit.

Die ersten Jammergestalten gehen an Land, unsicher tastend ob der plötzlichen Festigkeit des Bodens unter ihren Füßen. Giselher sieht Düvenasch im Lodenmantel, durch zahllose innerliche Umdrehungen erschöpft und total entgrimmt. Sieht Oma Radke mit verrutschtem Strohhut, Opa schleift sie behutsam hinter sich her. Sieht den verbeulten Primus, an seiner Schulter ein zerstörtes Fräulein Herzberg, sieht die Feldherrin mit ihrem Oleanderbaum im Arm, sieht Krause mit geknüpftem Taschentuch auf dem Kopf und die aufgeweichten, grüngesichtigen Neumanns. Sieht endlich auch mit strähnigem Haar seine Schwester. Sie führt die elende Frau Küßnich und trägt ihre drei Nerze – kurz, Giselher sieht einen Trupp von grotesker Erbärmlichkeit, wie ihn nur ein Goya zeichnen konnte und wie er auf keinen Fall zu den Aufschneidereien eines Knopf junior paßt. Zu so einem trostlosen Trupp kann die Tochter des großen Hamburger Reeders Otto Knopf einfach nicht gehören. Und Giselher zieht sich tiefer in den Schutz des Torbogens zurück, Erwin kurz an der Leine.

Seine Schwester sei wohl nicht mitgekommen? fragt der Honeymooner.

»No«, sagt Gisel und quält sich sekundenlang mit einer Unbehaglichkeit herum, die sich am treffendsten als Judasgewissen bezeichnen läßt.

Er verleugnet Jous Ankunft noch einmal bei seiner Rückkehr in die Villa vor Hans Fichte.

»Nein, Schwager, sie war wohl nicht auf dem Schiff, ich hätte sie ja sonst gesehen. Vielleicht kommt Jou morgen an . . .«

»Du fährst zum nächsten Dampfer wieder zum Hafen, verstanden?« sagt Hans, aber sein strenges Befehlsgesicht weicht in einem Lächeln auf, als Mrs. Parker die Terrasse betritt. »Hello – Joan!«

Giselher beobachtet voll Eifersucht das herzlich-freundschaftliche Gehabe der beiden – und möchte am liebsten selber überlegen! Hätte er doch die Ankunft der Schwester nicht verleugnet! Hans Fichte wäre durch Jous Auftritt als Nebenbuhler um die Gunst Joan Parkers ausgeschaltet gewesen. Jetzt wird er ihn jede Stunde zum Hafen hinunterschicken, damit er eine Jou abfange, die gar nicht mehr ankommen kann, weil sie bereits irgendwo auf der Insel ist. – O Giselher! Du Idiot!


## 22. Kapitel: *Kapriolen*

Für den Nachmittag gibt Florian seinen lädierten Schafen Urlaub, damit sie sich von den Strapazen der stürmischen Seefahrt erholen können.

Aber bereits nach dem Mittagessen fühlen sich einige von ihnen wieder wohl genug, um ihn mit Fragen zu überfallen.

»Wann fahren wir zur Blauen Grotte, Herr Florian?«

»Herr Florian, ich hab mein Netz auf dem Dampfer vergessen!«

»Gucken Sie mal, in meinem Baedeker steht, daß der zuständige Arzt von Capri Dr. Axel Munthe heißt. Aber ich denke, der ist längst tot, Herr Florian!«

»Wie alt ist denn Ihr Baedeker? – Eben!«

»Hat der Tyrann Tiberius wirklich seine Opfer vom Felsen ins Meer gestürzt?«

»Ob wohl Faruk gerade hier ist?«

»Herr Florian, ich brauche dringend . . .«

»Meine Zimmertür schließt nicht richtig. Herr Florian! Ja, wo ist er denn?«

Er muß sie plötzlich verloren haben. Sie lugen in alle Winkel der Hotelhalle, jedoch vergeblich.

»Zu dumm«, ärgert sich Kümmel, »gerade wollte ich ihn fragen, was für Zahnstocher man zur Zeit auf Capri benützt, und das ist doch so wichtig! – Mich deucht, Florian hat uns absichtlich verloren. Gönnen wir's ihm. Auch das gelernteste Herdenvieh hat mal Momente, wo es für sich ganz allein grasen möchte.«

Florian verdrückte sich übrigens, um Jou zu suchen, die gleich nach dem Mittagessen über die Insel schwärmte, in der Hoffnung, ihre Mannen zu finden.

Es treibt sie weniger die Sehnsucht als vielmehr die vom Vater ererbte Ordnungsliebe: Was man verloren hat – ob man's noch braucht oder nicht –, muß man erst wiederfinden, ehe man es wegwirft.

Und während Florian Jou sucht und Jou ihre Männer, fahndet Giselher nach allen beiden oder irgendeinem anderen Busmitglied, das ihm sagen kann, in welchem Hotel sie abgestiegen sind.

Hans Fichte hatte ihn zwar zum Hafen geschickt, aber was soll er am Hafen? Er muß Jou finden, die irgendwo auf der Insel ist. Jou soll die fröhliche Idylle Parker-Fichte stören, damit er, Giselher, endlich einmal ungehindert seinen pickligen Charme auf die reizvolle Amerikanerin verströmen lassen kann.

Zweimal rennen die Geschwister aneinander vorbei, ohne sich zu sehen. Eine wuschlig-possierliche Caprimischung, die in greifsicherer Entfernung, doch hoffnungsvoll hinter Gisel herlümmelte, schließt sich Jou an und spannt so eine Brücke zwischen ihnen, die beide zu betreten versäumen.

»Cane«, lockt Jou den Hund. Cane – kleine, namenlose Kreatur – welcher Hund hörte wohl zu Hause auf »Hund«? Und sie gibt ihm das Fleisch, das sie für Erwin in ihrem Strohkörbchen mit sich herumträgt. Es schmeckt ein bißchen nach ihrem Parfüm, aber Cane verschlingt es genußlos hastig – im letzten Moment könnte ja jemand kommen und es ihm wieder fortnehmen.

Giselher trabt indessen einen steilen Pfad in villenlose Höhen hinauf und an einer kleinen, künstlichen Grotte vorbei, in die sich der getürmte Reiseleiter vor einem starken Regenschauer zurückgezogen hat. Giselher ergeht sich – zornig schlenkernd – in stummen Anklagen gegen sein trostloses Schicksal: »Fichte hätte ihr nie das Benzin geschenkt, dazu ist er viel zu knauserig. Wer hat es ihr geschenkt? Ich, Giselher Knopf! Wer kam auf die Idee, nach Capri zu fahren? Wem hat Schwager zu verdanken, daß wir in einer Traumvilla wohnen? Dem Giselher. Und wie dankt er es ihm? Indem er in jede Stunde zum Hafen hetzt, damit er ungestört mit der Parker flirten kann. Sieglinde muß her, aber schnell! Aber so was von schnell!«

Florian, der ihn amüsiert beobachtet hat, führt einen kleinen Kampf mit sich selber aus. Ich sollte mich doch melden, denkt er. Jou sucht jetzt verzweifelt nach ihren Mannen. Giselher gehört zu den mir anvertrauten Schafen. Ich sollte mich wirklich melden. Aber Hans Fichte gehört nicht zu seiner Reisegruppe. Hans Fichte ist die überflüssigste Person, die sich zur Zeit in Italien befindet. Hans Fichte soll weiter verloren bleiben, denn Jou . . . Was kann er, Florian, dafür, daß ihre hausbackene Seele in diesen hinreißenden, herausfordernd biegsamen Körper geschlüpft ist, daß ihr Anblick ihm zusetzt, bei Tage und leider auch nachts!?

Und so wandert Giselher, charaktervoll gestikulierend, an der Grotte und seinem Reiseleiter vorbei, bergabwärts. Und guckt sich nicht einmal um. Das ist sein Schade, denn gleich nach ihm schlendern der Primus und Fräulein Herzberg über die malerische Höhe, die der Regen vereinsamt hat. Primus trägt ihre Tasche aus gemustertem Rindsleder, vor der Grotte halten sie einen Moment an und blicken auf das graue, sich langsam beruhigende Meer hinab.

Und Florian fühlt sich wie ein Zuschauer in einem Theater: Auftritt der Schauspieler von links, Abgang nach rechts.

»Tagsüber ist mein Kater Pepi bei der Nachbarin, ich kann ihn doch nicht mit ins Büro nehmen«, erzählt Elisabeth. »Aber so gegen sechs Uhr abends, da weiß er: jetzt kommt Frauchen. Ich bringe ihm auch immer was Feines mit. Schabefleisch oder Bückling.«

»Ach was«, staunt der Primus und blinzelt ihr verträumt ins Gesicht. Dann nimmt er ihren Arm, sie wandern weiter, ohne Florian bemerkt zu haben.

Hoffentlich mag er Katzen, denkt dieser, tritt seine Zigarette aus und macht sich auf den Heimweg zum Hotel.

Später, beim Abendessen, sagt Düvenasch plötzlich: »Sie, Fräulein

Knopf, mir ist so, als ob ich Erwin gesehen hätte. Zumindest war es ein Rauhaardackel, der ihm bis aufs I-Tüpfelchen ähnlich sah. Stimmt's, Elfi?«

»Jawohl, Papachen«, sagt Elfi, »aber zwei junge Leute hatten ihn bei sich, die sprachen Amerikanisch mit ihm, und das versteht der Erwin doch nicht, oder?«

»Nein«, Jou wühlt mit zorniger Gabel in ihren Spaghetti, »das versteht er nicht.«

»Daß Sie so ruhig sind, Fräulein Knopf«, wundert sich Marie Peters, und Frau Neumann fügt hinzu:

». . .und auch noch essen können! Also wenn mein Bruder und mein Freund . . .«

»Und vor allem der keine Dackel«, schiebt die Feldherrin ein.

». . .verlorengingen, ich weiß nicht, was ich täte! Aber ich glaube, ich wäre verrückt vor Sorge.«

»Ja«, nickt Oma Radke, »das wäre ich auch.«

»Laßt das arme Mädchen zufrieden«, mischt sich Kümmel ein, der als einziger von Jou über den treulosen Verbleib ihrer Mannen orientiert wurde, »sie hat es schwer genug. Und ich finde es sehr tapfer von ihr, daß sie uns nicht durch Jammertiraden die Reise verdirbt.«

Auf Jous Drängen hin ruft Florian nach dem Abendessen alle entlegenen Hotels und Pensionen an, die näheren wollen sie zu Fuß aufsuchen. Aber ihr mühevolles Unternehmen führt zu keinem positiven Ergebnis, denn das üppige Domizil der Abtrünnigen ist ein Privathaus, das nicht an Fremde vermietet.

Gegen zehn Uhr kehren sie von ihrem fruchtlosen Suchgang ins Hotel zurück.

»Jetzt ist es mir egal«, sagt Jou. »Ich laufe nicht länger einem Hans Fichte hinterher, der mich grußlos sitzenließ!«

»Nicht so laut. Primus und Fräulein Herzberg . . .«

»Aber ist doch eine Unverschämtheit, finden Sie nicht? Von Rechts wegen müßte er mich suchen und nicht ich ihn. – Ja, ich spreche schon leiser. – Gute Nacht!« Jou möchte mit einem höflichen Gruß an Elisabeth Herzberg vorbei, aber diese kommt rotwangig vom Schlüsselbord her auf sie zugeschossen.

»Wir haben doch beide unsere Zimmernummern vergessen, Herr Schnell und ich –« Man hört aus der Betonung ihres Ausrufs, wie ungewohnt es für sie ist, »wir« und »beide« und »ein Herr und ich« zu sagen. »Vielleicht weiß Florian aus dem Kopf, wo er uns eingewiesen hat?« Während dieser gemeinsam mit dem Primus und dem Nachtportier die Zimmerliste durchgeht, flüstert Elisabeth wie ein aufgeregter Backfisch: »Ach, Fräulein Knopf! Wiie verstehe ich Sie jetzt! Die Liebe ist doch etwas Wunder-wundervolles!«

»Na, bitte«, sagt Jou sauer.

»Was war denn?« fragt Florian wenig später, als sie sich von den beiden verabschiedet haben und zur Treppe gehen. »Sie haben vielleicht ein Gesicht gemacht!«

»Ich mußte Fräulein Herzberg bestätigen, daß die Liebe etwas Wunder-wundervolles ist.«

»Das ist sie ja auch – zuweilen«, sagt er.

Langsam, die Hand auf dem Geländer, zieht sich Jou die Stufen hinauf. Ihre rote Stola schleift sie achtlos nach. Florian hebt sie auf und legt sie wie eine Liebkosung um ihre Schultern.

»Schön«, sagt er. »Das Geranienrot und Ihr helles Haar . . .«

»Ach«, sagt Jou, »das müßte ich dringend nachtönen lassen, es wächst schon dunkel nach.«

In jedem Stockwerk steht ein Fenster offen – ein Rechteck voll schwarzem, flimmerndem, sehr fernen Sternenhimmel. Von irgendwoher tröpfelt Mandolinenmusik in das eintönige Rauschen des Meeres, und von den Gärten duftet die Feuchtigkeit herauf.

Die Musik und ein heller, gefühlvoller Tenor, der zu Florians Ärger dazu singt, stimmen Jou plötzlich sehr romantisch.

»Tadidada Tadidadam . . .«, singt sie leise mit. »Erinnern Sie sich noch? Venedig. Unsere Gondelfahrt. Tadiiiachja . . .wie lange das her ist.«

»Knapp zwei Wochen.«

»Erst?« Sie summt leise, die Arme aufs Fensterbrett gelehnt. »Ein wundervolles Land, dieses Italien. Und hat soviel Kultur.«

Herzchen, denkt Florian amüsiert, sprich nicht von »Kultur«, wenn du gerade »O sole mio« hörst! Und dann ist er nur noch gerührt, denn er spürt, sie möchte ihm auch in ihren Worten gefallen.

»Ja, es ist ein schönes Land«, sagt er. »Der Primus und Fräulein Herzberg, zum Beispiel, wären zu Hause interesselos aneinander vorbeigelaufen.«

Jou nickt. »Sie haben ihr spätes Glück Italien zu verdanken. So ein tägliches, enges Beieinander in romantischer Umgebung, das bringt die Menschen schon auf Gedanken, auf die sie zu Hause nie gekommen wären«, sagt sie sinnend und fügt sehr sachlich hinzu: »Meinen Tierarzt hat es auch auf feine Gedanken gebracht.«

»Nicht nur ihn«, sagt Florian, und da ist Jou plötzlich still.

In der Ferne die dilettantische Mandolinenmusik und Stimmen, wie Stimmen nur im Sommer klingen – träge und sorglos.

Wenn sie nach Hause kommen, werden morgens die ersten Herbstnebel über den Gärten liegen. Die Füße rascheln durch moderndes Laub, und es wird lange, unfreundliche Monate bis zum nächsten Frühling dauern.

»Ich mag noch nicht schlafen gehen«, sagt Jou. »Der Abend ist viel zu schön.«

Nein, sie möchte nicht in ihrem Zimmer allein sein, nicht daran denken, daß man sie sitzengelassen hat, ohne Grund. Sie möchte Musik hören und Wein trinken und einen Schwips haben und von Florian geküßt werden . . . Kurz, Jou möchte endlich einmal mit einem Mann allein eine südliche Nacht erleben.

Sie schaut Florian fragend an.

»Gut«, sagt er nach kurzem Überlegen, »gehn wir bummeln!«

Jou läuft zur Treppe, dreht sich ungeduldig um, weil Florian ihr nicht folgt. Er lehnt noch am Fenster, und er sieht im Augenblick genauso aus wie der Mann, mit dem man ein »südliches Abenteuer« erleben muß, wenn es unvergeßlich sein soll . . . so jedenfalls empfindet Jou seinen Anblick.

»Komm noch einmal her«, sagt er, und sie geht zu ihm zurück und legt die Arme um seinen Nacken.

In der Ferne das eintönige Rauschen des Meeres, dilettantische Mandolinenmusik und Stimmen, wie Stimmen nur im Sommer klingen – träge und sorglos.

Jou gibt sich ganz Florians Zärtlichkeiten hin – seinen geübten Hän-

den und sanften Lippen. Wann – jemals in ihrem Leben – empfand sie so ein Glücksgefühl? Florian, ach, Florian . . .

Hans Fichte ist vergessen. Denn *so* war es niemals mit ihm.


## 23. Kapitel: *Sie gehen bummeln*

Auf der hellerleuchteten Piazza ist jeder Tisch mit farbenfrohem Völkchen besetzt, das sich in dekorativer Laschheit über die Stühle räkelt. Man flirtet nachlässig, mustert die Leute neben sich, klatscht, trinkt – man holt den verregneten Tag nach.

Überdimensionale Sonnenbrillen, die weibliche, sonnenverbrannte Gesichter modisch entzaubern und um diese nächtliche Stunde genau so unnütz sind wie ihre Trägerinnen ein ganzes Leben lang, richten sich auf Jou und Florian, abschätzende Blicke verbergend: Das Mädchen ist aufreizend hübsch, der Mann sieht intelligent aus und – irgendwie vielversprechend. Schade, daß er schon was Passendes gefunden hat. Aber vielleicht bleibt er noch länger hier. Auf Capri wechselt man »was Passendes« manchmal über Nacht.

Jou spürt von diesen abschätzenden Gedanken hinter Sonnenbrillen nichts. Sie ist glücklich und sentimental, bis in die Zehenspitzen von der prickelnden Süße ihres Abenteuers erfüllt. Es ist ihr erstes. Hans Fichte war kein Abenteuer. Hans Fichte war eine Art Lebensversicherung, ein fröhliches Zuhause. Herzklopfen hat sie dabei nie gehabt.

Auf ihrer Schulter spürt sie Florians Hand, besitzergreifend, liebkosend, während er sie vor sich her durch die vollbesetzten Tischreihen schiebt, nach freien Stühlen forschend. Vielleicht sitzt dort irgendwo ein sensationshungriger Spähtrupp ihrer Reisegruppe – vielleicht Marie Peters oder Düvenasch. Jou ist es egal. Jou ist viel zu beschwingt und glücklich, um sich jetzt um möglichen Klatsch zu sorgen.

Und dann sieht sie Erwin. Er wandert, Mätzchen machend, von Tisch zu Tisch, um einen Happen schnorrend.

»Erwin!«

Der Dackel setzt sich abrupt hin, wie immer, wenn er nachdenken muß. Guckt sich um, wittert Jou, starrt atem- und bewegungslos auf ihre Erscheinung, und erst als sie ihn noch einmal anruft, löst sich seine

Erstarrung in einem seligen Aufheulen. Die krummen, kurzen Pfoten laufen sich selbst davon, mit nicht zu bremsender Eiligkeit prallt er gegen ihre Füße, die Zunge schleckt ziellos und stürmisch durch die Luft. Tiefinnerliche Schnarchtöne des Glücks werden laut, als sie ihn am Genick zu sich heraufbefördert.

Es gibt kaum einen im Umkreis, der diese Begrüßung nicht beobachtet hätte. An einem Tisch stolpert ein Stuhl um. Hans Fichtes überraschte Stimme:

»Jou?«

Und dann ein hallender Schrei: »Jou! Um Himmels willen, bleib stehen! Sei kein Traum!«

Er stürzt auf sie zu und fleht in ihr verdattertes Schweigen: »Pschscht, pschscht, Liebling! Schimpf jetzt nicht. Schimpf später. Ich bin ja so froh, daß ich dich wiederhabe. Wann bist du denn angekommen? Giselher war doch zu jedem Dampfer am Hafen. – All deine Vorwürfe sind unbegründet, glaub mir, Kindchen. Es kam nämlich so – Joan Parker hatte kein Benzin mehr, und wir gaben ihr zwanzig Liter. Und dann verloren wir die Hoteladresse und grämten uns halbtot. Dachten, in Capri finden wir dich eher wieder als in Neapel. Sie besorgte uns eine Bleibe hier, wir trafen sie doch zufällig auf dem Dampfer, und so war das eben. Verstehst du nun?«

»Kein Wort«, sagt Jou verwirrt.

»Weil du nicht verstehen willst, Knöpfchen! Sei nicht so trotzig! Freu dich doch, daß du mich wieder hast. – Tag, Florian. Na, war das ein Ding, das uns da passiert ist?« Er schiebt Jou vor sich her zu dem Tisch, an dem der Cameriere gerade den umgefallenen Stuhl wieder aufrichtet und eine grazile Frau in hautengem, violettem Samtanzug mit Goldstickerei am spitzen Ausschnitt sehr gelassen ihre Zigarettenasche in ein Weinglas stäubt . . . was beweist, daß sie der unerwarteten, dank Fichte nahezu turbulenten Szene zwar gewachsen, jedoch ein bißchen verblüfft ist.

»Miss Knopf – Frau Parker«, stellt er stürmisch vor und drückt Jou auf seinen Stuhl. »Sei freundlich«, zischt er dabei, »wir haben Joan viel zu verdanken.«

Mrs. Parker drückt ihre Zigarette aus – diesmal korrekt im Aschenbecher – und lächelt amüsiert.

»Oh, Ihre Freund hat mich nix mehr zu danken wie ich zu ihm.« Sie schaute Fichte an, der bis in die Ohrläppchen errötet.

»Aber Sie können ja Deutsch, Joan!« stöhnt er.

»Ein büschen«, lachte sie. »Ich hatte großen Spaß, wenn Sie sprekken mit Giselher über mir.« Dann blickte sie auf Florian, der bisher schweigend hinter Fichte stand und mehrmals vergeblich einen Ansatz machte, sich vorzustellen.

»Ach Gott, entschuldigen Sie, Joan – das ist unser Reiseleiter. Robert Florian – Mrs. Parker. Kinder, was machen wir bloß jetzt? Hier ist kein Platz für uns vier, und unser Wiedersehen muß doch gefeiert werden.«

»In unser Haus haben wir viel Platz«, sagt Joan Parker, sich mit jungenhafter Schlaksigkeit erhebend. »Let's go?«

Sie schlendern zu viert durch die laue Nacht, Sternenhimmel über sich, einen übermütigen Erwin vor sich, und Hans Fichte redet, redet . . . es ist gut, daß er innerhalb weniger Minuten alles loswerden will, was er in den letzten beiden Tagen erlebt und gedacht hat . . . Dadurch fällt die Schweigsamkeit der anderen nicht auf.

Florian denkt kurz und ärgerlich: Ist mir doch noch kein Kerl begegnet, der mit so akkurater Pünktlichkeit immer dann auftritt, wenn seine Anwesenheit am meisten stört.

Und Jou ist völlig durcheinander. Sie hatte Hans eine schöne, laute Krachszene machen wollen, aber seine ehrliche Wiedersehensfreude hindert sie daran. Und am liebsten würde sie über die Unterbrechung ihres so köstlich begonnenen Abenteuers weinen.

»Bloß eins verstehe ich nicht: wie konntet ihr hier landen, ohne daß Giselher euch bemerkt hat! Seid ihr etwa mit einem Geisterschiff gekommen?« fragt Fichte.

»Man konnte unsern Dampfer eher als Seelenverkäufer bezeichnen«, sagt Florian.

Auf der romantischen Terrasse der Villa empfangen sie die Honeymooner und fallen sofort mit herzlicher Neugier über Jou her. Wann sie denn angekommen sei? Was? Heute früh, mit dem ersten Schiff von Neapel? Mit jenem Dampfer, auf dem alles seekrank gewesen sei? Ganz recht, sagt Jou. Aber zu dem wären sie doch mit ihrem Bruder am Hafen gewesen und hätten so lange gewartet, bis der letzte Passagier von Bord gewesen sei. – Giselher hätte ihnen derweil soviel von seiner Schwester erzählt – remember, Margy?

»Ach, was erzählte er denn?« fragt Jou interessiert.

Nun, von den Gütern ihrer Mutter und ihrer ersten Fahrt auf der väterlichen Segeljacht nach Teneriffa . . .Margy, did he say Teneriffa? – You're right, darlin'.«

»Schuft«, knirscht Hans Fichte vor sich hin.

Aber wie konnte Jou nur auf dem Dampfer gewesen sein, wenn Gisel sie nicht gesehen hat!?

»Ja, wie konnte ich –«, sagt sie nur lahm. Es gelingt ihr nicht, sich über die schmähliche Verleugnung durch ihren Bruder zu ärgern, denn indirekt hat sie ihm die romantischste halbe Stunde ihres bisherigen Lebens zu verdanken.

Ihr Blick wandert auf vorsichtigen Umwegen über Hans und die Honeymooner zu Florian, der in einem gelben Fledermausstuhl liegt, die Beine übereinandergeschlagen, sehr elegant, sehr zurückhaltend und sehr nachdenklich. Er lächelt ihr zu. Und zuckt kaum merklich mit den Schultern.

»Wo ist Giselher jetzt?«

»Er war mit auf der Piazza. Joan schickte ihn zu einem Weinhändler, damit er noch ein paar Flaschen holt. Auf der Terrasse trinkt sich das Zeug wie Wasser weg . . .weiß auch nicht, wie das kommt«, grinst Hans. »Im Nu sind die Flaschen leer.«

Joan Parker hat Cocktails gemixt, der Honeymooner für Musik gesorgt. Um das Windlicht flattern geblendete Insekten, und der Nachtwind raschelt in der violetten Umrankung der Terrassensäulen . . .

Fichte rutscht mit seinem Stuhl zu Jou heran. »Hätte ich nicht deinetwegen solch belastetes Gewissen gehabt«, leitet er vorsichtig seine Rede ein, »also dann hätte ich die beiden Tage hier genossen! Es war wie im westlichen Vorort des Götterhimmels. Da schuftet man sein Lebtag lang, um sich sonntags ein Kotelett und ein Bier leisten zu können und ab und zu einen neuen Anzug – übrigens, ich hab mir eine schicke Badehose gekauft, sehe wie Tarzan drin aus –, ja, also da denkt man, das Kotelett und das Bier und der Anzug machen die Wohlhabenheit eines braven Erdenbürgers aus . . . und dann kommt man hierher.« Er unterbricht seinen Wortschwall und bläht die Nasenflügel unheilschwanger, denn eben stolpert Giselher, mit Flaschen beladen, vom Garten her die Terrassenstufen herauf.

»Hello —«, ruft er amerikanischer als die Amerikaner selber und sackt sichtbar in sich zusammen, als er Jous nackte Beine mit den zierlichen »Angelos« daran aus einem weißen Stuhl baumeln sieht. »Siegi – du!«

Ehe sie noch antworten kann, hat sich Fichte erhoben. »Stell die Flaschen ab. Und dann komm mal mit, mein Junge. Ich wollte dir schon immer die Kakteen im Garten zeigen.«

»O weh«, lächelt Florian hinter den beiden her, »Giselher machte nicht den Eindruck, als ob er besonders neugierig auf diese ›Kakteen‹ wäre. – Warum mag er uns wohl am Schiff verleugnet haben!?«

»Weiß nicht«, erwidert Jou gleichgültig. Was geht sie im Augenblick ihr Bruder an! »Vielleicht hat er sich unserer Aufmachung geschämt. – Robert!« Zum erstenmal spricht sie Florians Vornamen – er klingt so steif und ernst, als ob er einen schwarzen Prüfungsanzug trägt, und sie flüchtet sich eilig zu dem vertrauten, viel heitereren »Florian« zurück. »Ich möchte auch tanzen.«

Die Honeymooner bewegen sich mit schleifenden, mechanischen Schritten auf dem Mosaikboden – man kann es auch Tanz nennen, aber vor allem benutzen sie die langsame Fortbewegung, um sich intensiv und ungeniert zu küssen. Joan Parker ist in die Küche gegangen, um frisches Eis zu holen. Im Dunkel des Gartens standrichtet Hans Fichte mit Giselher.

Es ist niemand da, der sich um Florian und Jou kümmert. Seine Stirn reibt sich beim Tanzen sehr zart an der ihren.

»Mädchen«, sagt er halblaut, »was haben wir uns da eingebrockt.«

»Ja«, nickt Jou, »es ist sehr schlimm. Ob ich es ihm gleich sagen soll?«

»Was willst du ihm denn sagen?«

»Nun – daß wir beide – ich meine – hallo, Hans!« lächelt sie Fichte zu. Er steht breitbeinig und stämmig da, die Unterlippe vorgeschoben, eine steile Falte zwischen den hellen Augenbrauen. Steht vielleicht schon eine ganze Weile an der Treppe und hat sie beobachtet. Sie lösen sich langsam voneinander. Jetzt lacht er sein unbekümmertes Jungenlachen. »Tanzt nur weiter. – Wo steckt denn Joan Parker?«

»Here I am«, ruft sie von der rundbogigen Hallentür her, und Hans geht Joan entgegen, um ihr den schweren Eiskübel abzunehmen.

»Giselher ist gestiegen in Fenster von Küsche«, flüstert sie ihm zu, »mit ein ganz rotes, dickes Gesicht. I'm afraid you slapped him.«

»Und wie ich den Burschen geslapped habe.«

»Warum?« fragt sie kopfschüttelnd.

»Ich schlage sehr selten zu, aber wenn – dann habe ich Grund«, erwidert Hans nur.

Joan Parker stellt eine Schüssel voll Obstsalat auf den Tisch, und Florian erklärt schnuppernd: »Zu diesem Salat möchte man Prost sagen«, so alkoholisch duftet er.

»Ist Rezept von mein Vater. Er war Cook in die größte Hotel von Chicago«, strahlt Joan.

»Und meiner war Schiffskoch!« Auf einmal hat Jou kein Seelendilemma mehr, auf einmal hat sie einen Löffel in der Hand und probiert gleich aus der Schüssel heraus.

»Gut?« fragt Joan Parker gespannnt.

»Prima«, lobt Jou. Sie lachen sich zu. Es fällt schwer, sich nicht zu mögen, wenn beide Väter Köche sind, wenn sie zudem im Leben ihrer einzigen Töchter eine so wichtige Rolle spielen, daß es dem einen – Otto Knopf – sogar aus der Ferne gelang, eine Zeitlang ein Stopschild vor die Abwege töchterlicher Leidenschaften zu stellen.

»Prost, auf unsere Väter!« Und ihre schwappvollen Löffel klirren klanglos aneinander.

Inzwischen hat sich – maulend und rotverschwollen – auch Giselher eingefunden. »Toothache-Zahnweh«, erklärt er leidend die blühende Backpfeifen-Veränderung seines Gesichts. Die Honeymoonerin springt mitleidig auf, um schmerzstillende Pillen aus ihrem Zimmer zu holen.

Gegen ein Uhr erhebt sich Florian. »Es war ein großartiger Abend. Ich bedanke mich. Aber wir müssen jetzt leider ins Hotel zurück, denn morgen früh steht uns laut Reiseplan die Blaue Grotte bevor.«

Joan Parker guckt erschrocken aus ihrem angeregten Gespräch mit Jou auf. Oh, schon gehen? Dabei wollten sie doch noch einige Rezepte austauschen, und außerdem gibt es so viele Histörchen von ihren Vätern, die sie sich noch nicht erzählt haben! Kann Jou die Nacht nicht in der Villa zubringen? Muß Jou mit zur Blauen Grotte? So wichtig ist die doch nicht!

Jou schaut Florian an.

Hans Fichte ruft: »Großartige Idee. Knöpfchen bleibt über Nacht hier.«

Jou blickt noch immer Florian an. »Ich kann nicht. Ich – ich habe doch keine Zahnbürste mit.«

»Es gibt hier sicher eine speziell für Gäste. Du bleibst«, bestimmt Hans.

So kommt es, daß Robert Florian allein durch die Nacht zum Hotel zurückwandert, Jou auf der Terrasse der maurischen Villa sitzen bleibt und mit Joan Parker Salatrezepte tauscht, die sie jetzt gar nicht mehr interessieren.

Fichte aber hebt sein Weinglas gegen die Marmorsäulen und sagt stumm vor sich hin: »Gesegnet seien die Köche – der in Altona und der in Chicago.«

Jou sieht Florian erst am nächsten Nachmittag wieder. In der Hotelhalle. Kurz vorm allgemeinen Abmarsch zum Hafen. Hans Fichte ist dabei, die Honeymooner und Joan Parker, die ihren Mann vom Dampfer abholen will.

Auch auf dem Schiff, das sittsam streng und ohne zu schwanken an einem vorbildlichen Sonnenuntergang vorbei nach Neapel zurückrauscht, finden sie keinen unbewachten Augenblick.

Hans bleibt fröhlich, aber eisern um Jou bis zum Gute-Nacht-Gruß. Und am nächsten Morgen, früh um halb acht, fahren sie – beladen mit weißen Gladiolen- und Nelkensträußen – nach Monte Cassino.

24. Kapitel: *Rechts neben der Landstraße*

Der kleine Soldatenfriedhof liegt kurz vor Cassino, rechts neben der Landstraße, wenn man von Neapel heraufkommt.

Die Sonne brennt auf das eingezäunte Stückchen verwilderten Gartens mit seinen dunklen Holzkreuzen. Vor dem Eingang hockt ein Kind mit einem blauen Ferkelchen, dem es eine Strippe um die Hinterpfote geschlungen hat. Das Kind lächelt scheu den vielen Fremden zu, die, von Kreuz zu Kreuz gehend, jeden einzelnen Namen lesen. Namen, die ihnen nichts sagen, außer daß es deutsche Namen sind.

»Wenn man bedenkt, daß es mich damals auch erwischt hätte«, flüstert der Primus Elisabeth Herzberg zu. »Auf unsere Schreibstube in Holland fiel eine Bombe. Von meinem Arbeitsplatz war hinterher nicht mehr sooo viel da!«

»Und Ihnen ist nichts passiert?« fragt sie erschüttert.

»Nein, ich war gerade auf Heimaturlaub. Aber wenn ich es nicht gewesen wäre – stellen Sie sich vor!«

»Hier wird nicht geschwätzt und rumgestanden«, schimpft die Feldherrin, schürzt ihren Rock und geht mühsam in die Knie. »An die Arbeit!« Mit fast zornigem Eifer greifen ihre Hände nach dem Unkraut, das die Gräberreihen überwuchert.

Im Nu sind alle beschäftigt, richten schiefe Holzkreuze auf, jäten mit ungeübten Händen, befestigen den Zaun, holen Wasser vom nächsten Bauernhof für ihre mitgebrachten Blumen – und sind ihrem Schicksal herzlich dankbar, daß ihnen die Sonne auf den gekrümmten Buckel brennt, daß sie etwas für die tun können, die Cassino nicht auf einer wohlorganisierten Reise im gutgefederten Bus kennenlernten.

Jou und Frau Neumann ordnen die Blumen um das kleine Hauptkreuz auf seinem Sockel aus Feldsteinen. Die höchsten Gladiolenblüten reichen bis zu den vier Worten hinauf: »Für Deutschland, unser Vaterland.«

Aber die Feldherrin ist unzufrieden mit der Dekoration. Sie sagt, sie verstände schließlich mehr von Blumen, und ordnet sie noch einmal nach ihrem Geschmack um. Und ganz nebenbei erwähnt sie ihre beiden Söhne, die in Rußland geblieben sind.

Nicht einmal Düvenasch wagt zu lästern, als seine Nachbarin wenig später einen Unkrautableger vom Friedhof im Gepäcknetz verstaut. Man muß eben bei alten Frauen manches übersehen, vor allem dann, wenn sie einmal Mütter waren.

An der Landstraße steht das Kind mit seinem Ferkelchen an der Strippe und winkt dem Bus und Herzlieb nach. Erwins Kläffen ist noch lange zu hören.

Sie kommen durch den Ort und dann in Serpentinen zum neuerstandenen Kloster hinauf, und alles um sie erinnert noch bedrückend an den Krieg. Friedhöfe, zerstörte Unterstände, Ruinen.

Aber eine halbe Stunde später – auf dem Wege nach Rom – wird wieder »Mariechen« gesungen.


25. Kapitel: *Das römische Fest*

Der Hotelstrand wird von einer Mole begrenzt. Auf dieser schmoren sie seit zwei Tagen vom Morgen bis zum Abend und lassen sich durch nichts, aber auch gar nichts aus den sonnendurchglühten Gefilden der Faulheit locken.

Nein, danke, Herr Florian, keine alten Meister mehr, keine Kirche, kein noch so schöner landschaftlicher Blick. Selbst der wißbegierige Primus ist kunstsatt, nachdem er das für ihn wichtigste Bauwerk Italiens, den schiefen Turm von Pisa, gesehen hat. Und außerdem hat er vollauf mit der Entdeckung eines von ihm neu entdeckten Gebietes: der Liebe, zu tun. Hier allerdings werden seiner Wißbegierde noch züchtige Grenzen von Elisabeth Herzberg gesetzt.

Wie sich das mausgraue, ältliche Fräulein verändert hat! Kümmel behauptet: »Sie grünt und blüht.« Frau Neumann drückt es etwas nüchterner aus: »Endlich hat sie sich eine vernünftige Frisur machen lassen.« Und jeder einzelne betrachtet ihr Glück, den eigentlichen Verschönerer dieser verkümmerten Menschenblume, als sein eigenes Werk und darum uneingeschränkt wohlwollend.

Einen neuen Badeanzug hat Elisabeth auch erstanden – rot und verwegen gemustert. Sie trägt ihn auf der Mole, reizend verschämt ob der lauten, teils plumpen, aber gutgemeinten Komplimente, die an ihm haften.

Vor ihnen schwimmen angebissene Feigen, Tomaten und die Fetzen eines im Zorn zerrissenen Briefes im Meer. Das sieht nicht nach Riviera di Levante aus, das mutet heimatlich an.

»Für tausend Lire spucke ich genau auf die Tomate«, schlägt Rudi gerade vor.

»Für tausend Lire tu ich noch was ganz anderes. Dafür fasse ich sogar einen lebendigen Polypen an«, erbietet sich Giselher.

Jedoch – auch er findet keinen Wettpartner, obgleich alle Anwesenden die Ausführung dieses Angebotes ungemein interessieren würde. Aber dafür tausend Lire riskieren? Geldnot hat schon manchen giselheren Feigling zu unerwartet heldenmütigen Taten verleitet.

»Wetten die Verarmten schon wieder untereinander?« fragt Florian, der gerade, einen Liegestuhl unter dem Arm, über platt ausgestreckte, öligglänzende Leiber zur Spitze der Mole vorklettert, auf der noch ein paar tote Fischlein vom letzten Sturmangriff des Meeres liegen und glitzernd verdorren. Er hat dabei auch über Jous geschmeidigen, brutzelbraunverbrannten Rücken steigen müssen, und sie hob ein wenig den Kopf.

Neben ihr – so nah, daß man keinen Liegestuhl dazwischenbauen kann –, liegt Hans Fichte, seit Capri ihr unentwegter Leibgardist. Nicht einmal die beängstigenden Sonnenbrände auf seinem Körper können ihn davon abhalten, von ihrer Seite zu weichen. Er dampft und brütet unter seiner Vermummung, die von den Zehen bis zum Haaransatz reicht, erträgt es geduldig, daß man ihn zuweilen an unvorbereiteter Stelle kitzelt, »Mummum Kuckuck« mit ihm spielt, und weicht auch nicht, als Jou ihn warnt: »Du wirst dir noch einen Hitzschlag holen.« Er ist immer um sie, vom Frühstück bis zum Gute-Nacht-Gruß vor ihrer Zimmertür, und er gestaltet seine ständige Anwesenheit so zufällig, daß niemand annehmen kann, sie entspränge etwa einer eifersüchtigen Regung.

Und Jou ist völlig hilflos. »Ich müßte endlich mit ihm über Florian sprechen, so geht das doch nicht weiter«, nimmt sie sich stündlich vor. Aber um mit Hans über Florian sprechen zu können, müßte sie vorerst mit diesem gesprochen haben, und dazu bietet sich keine Gelegenheit. Dazu müßte sie erst energisch Hans Fichte aus dem Wege räumen. Wie aber räumt man einen Menschen – und sei es auch nur für eine Stunde – fort, der einem mit soviel unschuldiger Fröhlichkeit begegnet und gar, aber auch gar keine Angriffsflächen für einen Streit bietet, in dem man verärgert: »Ach, laß mich allein!« fordern könnte!

So bleibt ihnen nichts weiter übrig, als heimliche Blicke zu tauschen – sehnsüchtige, leidenschaftliche, rebellische, schwermütige und immer verzagtere.

Derjenige, den Jou ihm eben bei seinem Erscheinen auf der Mole zuwarf, war schon sehr verzagt. Er reichte nicht mehr bis zu Florians Augen hinauf, nur noch bis zu seinem Knie . . .

Aber so geht das natürlich nicht weiter . . .

Nein, so geht das nicht weiter, denkt auch er, während er seinen Liegestuhl entwirrt, der auf italienisch geradezu polnisch heißt, nämlich »sdraio«.

Er greift mit Entschlossenheit in seinen so mysteriösen wie heimtükischen Mechanismus und fühlt eine unerwartete Latte am Ohr. Diese schlägt die Entschlossenheit aus seiner Miene, und er flucht »sdraio!«, denn dazu eignet sich das Wort vorzüglich.

»Heute ist der letzte Abend, an dem wir vollzählig sind«, sagt Kümmel, der – eine gefaltete Zeitung auf dem Kopf – bisher still vor sich hin geschwitzt hat. »Neumanns verlassen uns doch morgen in Genua . . .«

»Autsch!« sagt Florian und lutscht am Daumen. Er hat ihn sich bei der Überlistung des »sdraio« geklemmt, aber dieser nimmt Formen an, die bereits an einen Liegestuhl erinnern. Florian legt sich vorsichtig – hält er? – hinein und schlägt erleichtert die Beine übereinander. Geschafft.

»Ja, Herr Kümmel?«

»Also, da dachte ich mir, wir starten unser Abschiedsfest schon heute abend. Es müßte natürlich was Besonderes sein. Hat jemand dazu vielleicht einen Vorschlag?«

»Ich!« Rudi streckt einen salzig verkrusteten Zeh in die Höhe. »Wie wäre es mit einem echt römischen Fest?«

»Pfui Deibel!« ruft Elfi Düvenasch, denn schließlich weiß sie aus zahlreichen Mammutfilmen, wie es früher bei römischen Gelagen zuging. Und hat davon behalten: feiste, amoralische Trunkenbolde, Lustknaben, arme, hübsche, leichtbekleidete Sklavinnen.

»Was du dir wieder denkst, meine ich doch gar nicht«, rechtfertigt sich Rudi.

»Ich weiß, was Sie meinen«, strahlt Elisabeth Herzberg. »Wir erscheinen alle in römischen Gewändern –«

»Wo kriegen wir die her?«

»Ganz einfach: Bettlaken«, klingt es dumpf unter dem Handtuch hervor, das Fichte über sein verbranntes Gesicht gezogen hat. »Und Lorbeerkränze ins Haar.«

»Lorbeer haben wir einen ganzen Baum vor unserer Dependance«, sagt Neumann. »Der reicht aus.«

»Na, herrlich«, jubelt Elisabeth. »Und dann dachte ich, jeder von uns sagt ein antikes Gedicht auf!«

»Ich weiß eins«, sagt Kümmel. »In Ägypten geradeaus, dann links, steht die Sphinx. Gut, ja? – Ist leider nicht von mir.«

Jou beschließt sofort: Ich ziehe mein griechisches Nylonnachthemd aus New York an. Das wirkt auch altrömisch und steht mir so gut. Und geschlafen habe ich sowieso noch nicht drin, weil es dazu viel zu schade ist.

Florian denkt: Vielleicht ergibt sich auf so einer Party endlich die ersehnte Möglichkeit . . .

»Ja«, sagt er laut, »das römische Fest ist eine gute Idee. Wir feiern es in unserer Hotel-Dependance, da sind wir ganz unter uns. Und unsere älteren Herrschaften, die drüben im Haupthotel wohnen . . .«

»Denen erzählen wir natürlich noch nichts«, ruft Neumann. »Wir sagen ihnen nur, daß wir um neun Uhr bei uns das Abschiedsfest feiern wollen. Seine echt römische Färbung soll eine Überraschung für sie sein.«

»Papachen wird aber Augen machen«, bemerkt Elfi bedrückt.

»Phh – wegen der paar Gedichte, die wir aufsagen werden?« Rudi rollt sich männlich auf den brühheißen Bauch. »Mein liebes Kind, du stehst viel zu sehr unterm Pantoffel deines Vaters. Das wollte ich dir schon immer sagen!«

Am Nachmittag kauft Florian vom gesammelten Geld mehrere Literflaschen Wein, Brot, Ziegenkäse und Salami für die echt römische Party.

Wie schon besprochen, wird das Fest in der Halle der Dependance des Grandhotels stattfinden, in der außer Neumanns, Jou, Florian, Fichte, Giselher, Elfi, Krause, Kümmel und der frischen Liebe Primus-Herzberg niemand sonst wohnt.

Über diese Dependance-Hall, die zu ihrer Zeit – um die Jahrhundertwende – zweifellos todschick gewesen sein muß und heute nur mehr im äußersten Notfall benutzt wird, das heißt, wenn die fünfhundert Betten des Grandhotels belegt sind, wäre zu sagen: man vermißt in ihr nur die Fledermäuse.

Ihr Boden ist im Schachbrettmuster gefliest. Von der Decke lächeln pausbäckige Stuckengel. Ein Mädchen mit güldenem, sich abwärts schlängelndem Haar, in die seerosigen Schlinggewächse des Jugendstils unrettbar, doch schelmisch verstrickt, nimmt eine gläserne Längswand bis zum ersten Stock ein. Schlächterpalmen verstauben würdevoll in bauchigen Majolikakrügen mit Birkenrindendessin, und kandelaberartige Lampen mit getönten Milchglaskugeln erhellen den ganzen Zauber mühselig.

Aber unsere Bus-Touristen lieben diese Atmosphäre abblätternden Pomps geradezu zärtlich, denn sie gehört ihnen ganz allein. Kein strenges Portierauge nimmt Anstoß daran, wenn sich Erwin auf der Troddelottomane zur mittäglichen Siesta niederläßt. Kein Hotelgast zeigt sich schockiert, wenn die Sportlichen unter ihnen das Treppengeländer bis zum bleckenden Löwenknauf hinunterrutschen.

Um acht Uhr abends betritt das Zimmermädchen zum letztenmal die Dependance, um die Betten für die Nacht zu richten. Danach ist das Haus die Privatvilla unserer Berliner Bus-Touristen.

Um acht Uhr dreißig – das Mädchen ist kaum ins Grandhotel zurückgekehrt – werden die von ihr sorgsam verstopften Laken mit Schwung von den Matratzen gerissen und mit Hilfe von Sicherheitsnadeln und Broschen über sonnenverschwollenen Schultern zu römischen Togen drapiert.

Sämtliche Zimmertüren stehen dabei offen, einer hilft dem anderen. Frau Neumann steckt Jous Haar »möglichst antik« auf. Giselher und Rudi rupfen den Lorbeerbaum am Hauseingang. Elfi verteilt alle ihre Haarklemmen an die anwesenden Herren, damit sie den Lorbeer befestigen können. Und – kein Zweifel – dieser Schmuck verleiht selbst Krauses Stirn einen dichterischen Anflug.

Erwin bellt hysterisch ob all der weißen Gespenster, die über die Flure eilen, und verzieht sich endlich – knurrend vor Angst – unter Fichtes Bett. Er ist in diesem Italien völlig mit den Dackelnerven runtergekommen.

Kümmel, mit Weinlaubkranz und raschelnden Lorbeergirlanden

auf dem Bettlaken, gefällt sich als römisch-berlinischer Bacchus. Eine entkorkte Literflasche im Arm, wandert er von Zimmer zu Zimmer, und als er Jous Raum betritt, entfährt ihm ein ehrlich-erstauntes: »Donnerlittchen! – Du bist mir heute abend zu schön, Knöpfchen. Das Griechische steht dir zu – römisch.«

Jou freut sich über sein Kompliment. »Danke, Herr Kümmel.« Er setzt sich auf den Bettrand, die Hände zwischen den Togafalten über seinen starken Knien, die Flasche neben sich, und schaut sie prüfend an. »Aber das geht so nicht –«, sagt er vor sich hin.

Jou, ihn durch den Waschbeckenspiegel ansehend: »Warum nicht? Ich habe doch was unter.«

»Das meine ich nicht. Ich mache mir andere Gedanken. Sie wissen schon . . .«

»Ja«, nickt Jou, legt ihren Kamm fort und setzt sich neben ihn auf die knarrende Matratze des altmodischen Bettes. »Es ist wirklich sehr schwierig, Herr Kümmel.«

»Komm, trink was, Knöpfchen.« Er reicht ihr seine Flasche, und dann fragt er: »Hast du dich denn nun entschlossen?«

Jou setzt die Flasche ab. »Ja. – Ich glaube. – Wir hatten so wenig Gelegenheit bisher, allein zu sein. Aber Florian . . .« Sie seufzt. »Manchmal wünschte ich, man könnte beide Menschen zu einem Menschen verschmelzen. Florians Aussehen, seine Bildung und sein . . . na . . .« Sie schnippt mit den Fingern, aber diese Geste hilft ihr auch nicht, das rechte Wort zu finden.

»Nennen wir's seine männliche Ausstrahlung. Das ist ein vornehmer Ausdruck dafür«, assistiert Kümmel lächelnd.

»Ja«, nickt Jou ernsthaft, »und zu allem Hans Fichtes Fröhlichkeit und seine solide Praxis . . .«

Der Bacchus Gustav lacht leise vor sich hin. »Knöpfchen, wer hätte in seinem jungen Leben nicht einmal gewünscht, er könnte zwei liebenswerte Menschen zu einem einzigen verschmelzen, damit ihm selbst die Entscheidung erspart bliebe. – Komm, trink noch mal! – Aber selbst, wenn dieser Wunsch zu verwirklichen wäre, dann würde sich nach kurzer Zeit ein anderer Haken finden, denn niemand – auch kein realisierter Wunschmensch – ist vollkommen.«

»Ich bin's auch nicht«, seufzt Jou.

»Nein«, sagt er herzlich, sich erhebend, »du auch nicht. Aber verdammt hübsch bist du. Und *das* andre, na – du weißt schon – das überlege dir gut.«

»Ja, Herr Kümmel. – Herr Kümmel!«

Er wendet sich an der Tür noch einmal um.

»Eine Entscheidung habe ich schon getroffen.« Und Jou ist plötzlich sehr verlegen. »Sie möchte ich gern als Freund behalten – auch nach der Reise. Ist das vielleicht möglich?«

»Mein Knöpfchen –«, lächelt er und erhält einen Buff von rückwärts: Giselher möchte an der Menge Kümmel vorbei ins Zimmer. Zwei Frottiertücher – ein hellblaues und ein rosagemustertes, an Schulter und Hüfte zusammengepikt – drückt er unzufrieden an sich. »Siegi, hilf mir mal. Da muscha woll irgendwo ein Trick sein mit dem Drapieren von einem Lustknaben. Schwager sagt auch – soo geht das nich.«

Auf seinen rötlichen Borstenhaaren, die sich während der letzten Woche beinahe zu Locken ausgewachsen haben, raschelt ein verrutschter Lorbeerzweig. Und parfümiert ist er –! Das ganze Zimmer duftet im Nu billig.

»Komm mal mit«, sagt Kümmel und schiebt ihn vor sich her auf den Flur, »das werden wir schon irgendwie hinkriegen.«

Jou steht jetzt wieder vor dem Waschbecken, auf einem nah herangerückten Stuhl, und betrachtet abschnittsweise ihr Äußeres in dem schmalen Spiegel darüber. Vom Flur her hört sie Krauses aufgeregte Stimme: »Herr Florian! Wo is er denn? Er soll mir wieder zusammenpiken, mein jesamtes Römertum is am Rutschen! Florian – Mensch, die anderen kommen doch gleich!«

»Sofort«, antwortet Florians Stimme so nah, daß Jou zusammenfährt und zur Tür schaut, in deren Rahmen er seit geraumer Zeit gelehnt und sie schweigend betrachtet hat.

»Ach, Florian«, sagt sie sehnsüchtig von ihrem Stuhl herab.

Er geht auf sie zu, nimmt sie in seinen Arm und hilft ihr auf den Erdboden zurück . . . und all die Worte, die sie ihm in den vergangenen Tagen sagen wollte und nicht sagen konnte, weil es keine Gelegenheit dafür gab, die fallen ihr plötzlich nicht mehr ein.

Hinter ihnen gähnt das offene Türrechteck, jeden Augenblick kann

jemand hereinkommen, Krauses Stimme ruft immer ungeduldiger:
»Herr Florian!!!«
»Wenn wir nur erst in Berlin wären«, sagt Florian und hält Jou noch immer in seinen Armen. »In Berlin wird alles anders.«
»Es ist gleich neun!« schreit Neumann aufgeregt über die Flure. »Auf die Plätze, marsch, marsch! Unsere Alten kommen!«
»Ja, in Berlin«, nickt Jou atemlos. In Berlin . . .
Aus allen Zimmern jagt es – die Bettlaken über die Knie geschürzt – in die Halle hinunter, kichert und stolpert und rennt sich um.
Punkt neun Uhr erscheinen die übrigen Bus-Mitglieder – feingemacht und ahnungslos ob der römischen Färbung des geplanten Abschiedsfestes – in der Tür der Dependance und schrecken kreischend zurück.
Denn in dieser müde beleuchteten, verstaubt-üppigen Umgebung wirken die weißbelakten Gesichter eher spukig als römisch.
Sie lagern – noch atemlos von ihrer eigenen Verspätung – auf der geschnitzten Treppe. Erwin flitzt – wie im Veitstanz nach dem kitzelnden Lorbeerzweig schnappend, den man ihm ins Halsband gezwängt hat – treppab – ottomaneauf und springt endlich bittend an Düvenasch hoch, damit er ihn von seinem Schmuck befreie.
Neumann, leicht zerzaust und weinselig, erhebt sich mit großartiger Geste, um die verstörten Ankömmlinge zu begrüßen.

»Freunde! Mitreisende! Berliner!
Hört mich an!« beginnt er schallend.
»Dies sind die Thermen des Florianus,
und was ihr drinnen seht, sind echte Römer
mit kahlen Köpfen und dicken Bäuchen,
die nachts gut schlafen –

Au warte!« unterbricht er sich selbst. »Da bin ich doch in den verkehrten Shakespeare geraten. Na, macht nischt. Auf jeden Fall: Salve! Seid herzlich gegrüßt.«
Er schlägt seine Hand zum römischen Gruß um der Feldherrin verdatterten Arm und ahnt, was all seine antiken Mitbürger auf der Treppe im gleichen Moment befürchten: Dieses altrömische Fest hat

116

die besten Aussichten, ein Mißerfolg zu werden.

Denn Radkes, Düvenasch, Frau Küßnich fühlen sich in ihrer sonn-
täglich-bürgerlichen Aufmachung hier eher deplaciert als erheitert:
wieder einmal eine Überraschung, die danebengelang.

Jetzt schreitet Jou – ängstlich bedacht, nicht auf den Saum ihres teu-
ren Nachthemdes zu treten – die Treppe herab, und Neumann – noch
immer nicht durch die eisige Zurückhaltung der Gäste entmutigt – begleitet ihren Auftritt mit der werbenden Stimme eines Rummelbu-
den-Besitzers:

> »Sieglinde, die schöne Barbarin,
> gotische Geisel am Hofe des Florianus,
> dazu ausersehen, verdienstvollen Kriegern
> unserer herrlichen römischen Armee
> den Rücken zu salben. –

Applaus für Sieglinde. Na, Mensch, nun klatscht schon!«

Die Besucher aus dem Grandhotel applaudieren höflich, und Florian schickt eilends den Wein herum, damit er die Stimmung hebe.

Er selbst setzt sich zu den alten Damen auf die Lehne der Troddelottomane und erzählt ihnen Witzchen. »Vier Schnecken gingen auch mal
ein Bier trinken . . .« Und es sind weniger seine harmlosen Darbietun-
gen als seine »männliche Ausstrahlung«, das Interesse, das er ausschließlich ihnen widmet, was die alten Damen Radke, Behrend und
Küßnich im Nu in angeregte Stimmung versetzt. Sie leben zwar schon
jenseits von Gut und Böse, aber so wie das weibliche Baby bereits un-
bewußt mit dem männlichen Wesen kokettiert, das sich über sein
Körbchen beugt . . . es hört eben nie auf. Nie . . .

Giselher erzählt so laut, daß auch Marie Peters es hören kann, von
seinen unglaublich romantischen Erlebnissen mit Joan Parker, der
Millionärstochter aus Chicago. Beim Abschied habe sie – kaum der
Tränen mächtig – zu ihm gesagt: »Gisel dear, you 've been my little
lucky star.«

»Öh –«, macht Rudi darauf ungläubig, obgleich er kein Englisch
versteht, und Marie Peters zuckt spöttisch mit den Mundwinkeln.
Auch sie hat inzwischen begriffen, daß Giselher Knopf über eine gera-

dezu hochstaplerische Phantasie verfügt. Und trotzdem – ihrer Eitelkeit versetzen seine Parker-Lügen doch einen winzig kleinen Stich.

Auf der Treppe hat man vor lauter Jucken und Um-sich-Schlagen keine Zeit, sich römisch zu gebärden. Hans Fichte vollführt auf Kümmels massigen Schultern einen akrobatischen Balanceakt beim Schließen der oberen Hallenfenster, durch die ununterbrochene Ströme von atonal singenden Moskitos ins Innere ziehen. Auf gingen die Fenster so leicht, aber zu ...

Gegen Mitternacht entschließen sich die Römer zum Singen. »Es war in Schöneberg, im Monat Mai« und »Horch, was kommt von draußen rein? Hollahiiii hollahooo. Muß doch ein Moskito sein, hollahiaho.«

Dabei haben sie sich untergeärmelt, Käse, Salami und Brot in der Hand – auch geöffnete Taschenmesser. Und das bringt sie endlich in Stimmung. Es wird aber auch Zeit.

»Komm«, sagt Fichte zu Jou und zieht sie am Arm in die Höhe. »Die Römer schunkeln mal wieder. Laß uns verschwinden.«

»Wohin?« fragt sie widerstrebend, während ihre Augen Florian suchen. Sie will nicht fort ...

»Ich dachte, wir machen so eine kleine Spazierfahrt.«

»Jetzt, mitten in der Nacht?«

»Is doch schön, Kindchen! Nun komm schon –« Er zerrt sie ungeduldig hinter sich her aus der Halle, wobei er seinen unnatürlichen Bauch unter der Toga festhält. Jou wirft noch einen unglücklichen Blick zurück auf Florian, dann fällt die schwere Hallentür hinter ihnen zu.

Eine Weile noch begleitet sie der Gesang. »Am Rhein, am deutschen Rhein ...« Düvenaschs gefühlvolles Tremolo ist deutlich herauszuhören. Und jetzt ist nur noch das Schrillen der Zikaden um sie, müdes Wellenklatschen an Bootswänden, ein erregtes Frauenlachen irgendwo in der Dunkelheit.

Hans Fichte schließt Herzlieb auf und räumt seinen künstlich verstärkten Bauch auf den Vordersitz: einen gemausten Zipfel Salami, Brot und eine angebrochene Flasche Wein. »Müßte eigentlich in Neapel erfunden worden sein, diese Togamode«, sagt er, das Verdeck zurückwuchtend. »Ein ideales Kleidungsstück zur Tarnung von illegal erworbenen Gütern. – Steig ein, Sieglinde, schöne Barbarin. Herzlieb wird schon ungeduldig. Falls es dir zu kalt sein sollte – hier ist eine Decke.«

Ich will nicht fort, ich will nicht . . . denkt sie verzweifelt, aber da hat er sie schon in den Wagen geschoben, das neuerworbene Plaid (in Italien sind sie so billig, daß man sie einfach kaufen muß, selbst wenn man schon zwei zu Hause hat) um ihre Schultern geschwungen, den Schlag zugeklappt, und ab geht's, den romantischen Palmenkai hinunter.

Nach hundert Metern muß Fichte noch mal anhalten, denn er hat im Rückspiegel einen mitten auf dem Damm emsig vorwärtstrudelnden Schatten entdeckt: Erwin.

»Hupp rein, mein Sohn«, sagt er, den Schlag öffnend, und Erwin kollert japsend zwischen seine Füße. »So, damit wären wir drei einmal wieder ganz für uns allein. Zum letztenmal. In Italien, meine ich. Dies hier war der letzte Ort, an dem sich unsere Kleider noch mal für längere Zeit auf Bügeln erholen konnten. Ab morgen leben wir wieder aus dem Koffer.«

Er lacht. »War ja nie ein eleganter Herr, aber so verdreckt und zerknautscht wie jetzt – ich schäme mich direkt, meine Hemden in die Wäscherei zu geben. Und meine Anzüge – die reinsten gastronomischen Landkarten mit Gruß aus Rom in Tomatensauce und Fettflecken als Erinnerung an Capri. – Wird höchste Zeit, daß wir nach Hause kommen.«

»Wo fahren wir eigentlich hin?«

»Weiß ich auch nicht«, lacht Fichte unbekümmert. »Ins Blaue. Macht's dir keinen Spaß? Bei der schönen Luft und dem Palmengeraschel! Du bist unromantisch, Knöpfchen!«

»Ich bin romantisch«, widerspricht sie gereizt.

»So? Na, um so besser.« Hans Fichte redet und redet, und da er kein Echo findet, amüsiert er sich herzlich über seine eigenen Dialoge.

Er scheint wirklich nichts davon gemerkt zu haben, wie es um sie und Florian steht. Demnach muß Jou fürchten, daß er sie entführte, um endlich einmal wieder ungestört zärtlich sein zu können. Und daran liegt ihr nichts. Sie will nicht, sie will nicht . . .

Nach einer halben Stunde Fahrt stellt Hans den Wagen am dunklen Ausgang eines kleinen Badeorts ab. »So, da wären wir.«

120

»Wo?« fragt Jou.

»Keine Ahnung. Aber ich nehme an, hier irgendwo in der Nähe befindet sich ein lauschiges Plätzchen . . .«

»Wozu?« fragt sie mißtrauisch.

»Zum Picknicken, mein Herzblatt. – Erwin, wirst du wohl! Er riecht die Salami. Nimm sie gleich an dich, Jou, und, bitte, auch das Brot.« Er stülpt das Verdeck über Herzlieb, holt die Decke, Wein und Zigaretten aus dem Wageninnern, schließt ab und schiebt seinen Arm unter den ihren. »Gehen wir.«

Nach etwa zehn Minuten Tasten durch geröllhaltige Dunkelheit hat Hans das Passende gefunden: einen einsamen Ausläufer des Strandes und darauf ein an Land gezogenes Fischerboot.

»Klein und schäbig, aber dafür auch nicht unser«, deklamiert er und springt hinein. »Paß auf, daß du dir keinen Splitter einreißt. – Und nun laß uns schmausen, was der liebe Vati alles geklaut hat.«

Erwin hat sich zwischen sie auf das morsche Querbrett gedrängelt, seine spitze, stachelige Schnauze drückt verlangend auf Jous Arm. Wegen der Salami.

In der Ferne glitzern die Lichter des Hafens von Portofino, das Meer ist glatt und seidigblank wie ein frischgestriegelter Appe. Zikaden zirpen. Eine winzige rote Lampe gleitet quer durch die Bucht, begleitet von leisem Ruderplätschern.

»O sonniges Italien«, seufzt Hans. »Am besten gefällst du mir nachts.«

Da hocken sie, römisch verkleidet, in einem alten, lecken Fischerboot in lauwarmer, flimmernder, nächtlicher Einsamkeit, zwischen ihnen das eilige Atmen eines kleinen Hundes. Es ist nicht gerade das, was man so gern unter südlich-erregender Romantik versteht. Es ist die Romantik der halbwüchsigen Pfadfinder an einem nächtlichen Lagerfeuer, das köstliche Abenteuer eines kleinen Jungen namens Hans Fichte, der wider seinen Willen ein Mann werden mußte.

Jou betrachtet ihn zuerst heimlich und abwartend von der Seite – sein kurznasiges Profil mit der vorgeschobenen Unterlippe, seinen stämmigen Nacken und die vorgebeugten Schultern, die er ab und zu vorsichtig bewegt, weil ihm die verbrannte Haut schmerzt. Und als er sie plötzlich ansieht, kann sie gar nicht anders: sie lächelt ihm zu. Er ist ihr so herzlich vertraut.

Hans nutzt ihre plötzliche weiche Stimmung nicht aus. Grinst nur freundlich zurück und schaut dann wieder auf das Meer.

»Am liebsten ginge ich jetzt schwimmen«, sagt er.

»Aber wir haben doch kein Badezeug mit.«

»Na und? Die Fische stört das nicht. Du brauchst ja auch nicht, wenn du nicht willst.«

Jou bleibt im Boot hocken und hört neidisch auf das zaghafte Plätschern im seichten Wasser, das seine vorsichtigen Schritte auf dem Geröll begleitet, und dann jenen temperamentvollen Wasserwirbel, der ihr ankündigt, daß Hans jetzt auch oberhalb der Gürtellinie untergetaucht ist. Sie selbst darf doch nicht, was würde Florian von ihr denken! Aber er sieht es ja nicht, und darum kann er nichts denken! Und schon hat sie sich ausgezogen und läuft Hans nach.

Sie schwimmen auf die Lichter von Portofino zu. Jou legt sich auf den Rücken und sucht die ihr bekannten Sternbilder am endlosen Himmel, und wenn Hans nicht neben ihr wäre, würde sie sich vor der Größe des Weltalls fürchten. Eine Sternschnuppe huscht gleich einem goldenen Faden auf die Berge herab, und Jou wünscht sich ganz schnell . . . ja, was soll sie sich wünschen: daß alles gut wird.

»Schön, nicht wahr?« sagt Hans, das Meer mit Daumen und Zeigefinger aus seiner Nase drückend. »Ich schwimme nachts am liebsten. Da sieht man wenigstens die Polypen nicht, wenn sie sich einem um die Wade wickeln . . . Jou, wo willst du hin?«

»Ans Ufer!« Jou hat nämlich am vergangenen Mittag einen großen Polypen auf dem Wege in die Hotelküche gesehen. Ein Kellner trug ihn in einem Wasserbehälter, und weil er die bildhübsche Deutsche einmal kreischen hören wollte, nahm er ihn heraus und erlaubte ihm, seine langen, glitschigen Fangarme um seine Hand zu wickeln. So eine Zumutung am Bein, und Jou ginge vor Schreck unter.

Mangels eines Handtuches müssen sie sich an der Luft trocknen lassen, und diese laue Nachtluft auf nasser Haut ist plötzlich zum Zähneklappern kühl. Erwin umspringt seine schlotternde Familie, selig, sie wieder auf dem Landboden zu wissen. Er hatte ihren Schwimmausflug – bis zum Bauch im Wasser stehend – mit langgezogenem Geheul begleitet.

Jetzt sitzen sie wieder im Boot, in ihr römisches Habit verkleidet, das Plaid über die Schultern, und Hans flicht mit seinen Fransen Zöpfchen. Sie trinken den Rest des Weins, Fichte erzählt ausführlich von seinem Landstraßenabenteuer, in das ihn Giselher auf dem Wege nach Neapel verwickelte. Jou sagt: »Wenn Vater das alles wüßte, ich glaube, er prügelte sein Söhnchen windelweich.« Und dann erzählt sie ihm von Pompeji und der unvorstellbar schönen, tausendkurvigen Küstenstraße, der Amalfiana, auf der Krause ins Schwitzen geraten war.

»Ja«, sagt er, »Italien war schön. Ich bin ihm nicht einmal böse, daß es mein Bankkonto aufgefressen hat.«

Die Zeit vergeht über ihrem friedlichen Erinnern. Hans hat zweimal das Plaid umlegen müssen, damit Jou die Fransenzöpfchen lösen und er neue flechten kann. Und über den Bergen beginnt es zu dämmern . . .

»Hast du eine Uhr mit?«

»Als verkleideter Römer? Natürlich nicht. Aber ich glaube, es wird Zeit zurückzufahren, wenn wir noch zwei Stunden vor dem allgemeinen Abmarsch schlafen wollen. Gehen wir?«

Die Decke fällt auf seiner Seite auf den tief schlafenden Erwin, denn Hans ist aufgestanden. Jou bleibt sitzen und schaut ihn unzufrieden an. –

Sie hatte sich mit allen Fasern ihres von Florian besetzten Herzens gegen dieses nächtliche Abenteuer gesträubt, aus Angst, Hans könnte ihr zu nahe treten. Jetzt waren sie mehrere Stunden hier, sie hatten zusammen geschwommen und Wein getrunken und – nur durch Erwins halbe Portion voneinander getrennt – unter einer Decke gesessen. Sie waren beinahe so vertraut wie früher, aber Hans hatte nicht einmal den Arm um sie gelegt. Er behandelte sie wie einen guten Freund, und das verletzte, obgleich sie sich's gewünscht hatte. Wenigstens den Versuch, sie zu küssen, hätte er unternehmen sollen . . .

»Es wird hell.« Er hilft ihr aus dem Boot, sie gleitet im Schwung gegen seine Brust und macht keine Anstalten, sich von dort zurückzuziehen. Da hebt er mit zwei Fingern ihr Kinn zu sich empor, Jou schließt erwartungsvoll die Augen. »Mach sie ruhig wieder auf, ich küsse dich doch nicht«, sagt er. »Ich hab's nämlich nicht gern, wenn eine Frau in meinen Armen an einen anderen Mann denkt. – So, und nun komm.«

»Aber, Hans, wie kannst du –!« Sie stolpert, verletzt, beschämt und zugleich furchtbar böse, hinter ihm her.

»Ja, wie konnte ich. So ein lieber Trottel wie Hans Fichte hat doch gar kein Recht, zu bemerken, wenn er betrogen wird.«

»Ich habe dich nicht betrogen!« schreit sie wütend.

»Vielleicht noch nicht, weil ihr keine Gelegenheit dazu hattet.«

»Es hat überhaupt erst alles begonnen, als ich erfuhr, daß du mit einer Amerikanerin nach Capri gefahren bist!«

»Sieh mal an. Und diese Amerikanerin, die hast du bereits in Venedig vorausgeahnt?«

»Wieso? Hat etwa Giselher . . .?«

»Nein, hat er nicht. Aber glaubst du, mir wäre nicht bereits in Florenz euer gegenseitiges leidvolles Anhimmeln aufgefallen!? So guckt man sich bloß an, wenn man mitten in einer Idylle durch den lästigen Dritten gestört worden ist. – Pschscht, Knöpfchen, trompete jetzt nichts Unbedachtes. Du bist ein schlechter Streitpartner. Du gibst im Zorn viel mehr zu, als dir recht ist.«

Gut gesprochen, Hans Fichte, denkt er. Und so überlegen. Dabei ist ihm gar nicht wohl zumute, denn – zum Kuckuck noch mal: Sie ist ein dummes, kleines, sentimentales Mädchen, aber diese Erkenntnis hindert ihn nicht daran, sie zu lieben.

Jou möchte gern etwas zu ihrer Verteidigung sagen, aber in ihrem Kopf poltern alle Gedanken hilflos durcheinander, nur Trotz bleibt, der Trotz des ertappten Schulmädchens.

»Ja, ich mag Florian!« schreit sie in den verschlafenen Morgen.

»Verstehe ich, Kindchen, hatte ja selber die Gelegenheit, seine Vorzüge kennenzulernen. Er sieht gut aus, er ist klug, gebildet, scheint sogar einen anständigen Charakter zu haben. Lacht nie im falschen Augenblick und wird keine blaue Krawatte zum grünen Hemd tragen so wie Hans Fichte. Einziger, sichtbarer Fehler: er hat noch weniger auf der Bank als ich. Aber er kann ja noch unverhofft erben . . .«

»Sei endlich still, Hans!«

»Mich bedrückt nur eins. Wird Florian wohl auf die Dauer genügend Humor aufbringen, um dich zu verstehen – dich komische kleine Mischung aus einer Rose und einer Mohrrübe?« Es gelingt ihm noch rechtzeitig, ihre Fäuste abzufangen.

Sie begreift nicht die Zärtlichkeit in seinem Gesicht, sie schreit, und Hans muß von neuem mahnen: »Kindchen Knopf, nicht so gewaltig! Du weckst ja die Felsen mit deinem Gebrüll.«

»Es ist restlos aus mit uns!«

Sie haben sich inzwischen bis zum Herzlieb vorgestritten, und Fichte tastet die Toga ab, als ob sie Taschen hätte.

»Dieses Italien hat mir die Augen geöffnet«, schreit sie.

Hans findet keine Zeit zu fragen, wofür es wohl Jous Augen geöffnet hat.

Er guckt Herzlieb unter den Rock und sucht die Straße im nahen Umkreis ab.

»Nimm sofort die ›Mohrrübe‹ zurück, Hans, das war so gemein von dir!!!«

»Sag mal«, fragt er, sich aufrichtend, »weißt du zufällig, wo ich vorhin die Autoschlüssel gelassen habe?«

»Auch das noch!« jammert Jou auf.

»Sie sind futsch!« sagt Hans, und an seinem Gesichtsausdruck erkennt sie, daß verlorene Autoschlüssel beinahe so ein Drama heraufbeschwören können wie ein neuer Mann in einer alten Liebe. Im Nu schaltet Jou von leidenschaftlichem Trotz auf Sachlichkeit um. »Wo hast du sie denn hingesteckt?«

Hans blickt an seiner Toga herab. »Da gab's nicht viel zum Stecken. Ich glaube, ich hielt sie in der Hand. – Tut mir leid, Jou, aber ich muß noch mal zum Strand zurück.«

Sie folgt ihm, Schritt für Schritt den Weg absuchend, das Plaid eng um die fröstelnden Schultern gezogen.

Gemeinsam stülpen sie das Fischerboot um. Ein verrostetes Messer mit zerbrochener Klinge fällt heraus, aber kein Schlüsselbund.

Um sie ist die zauberische, silberblaue, reglose Dämmerung, aber sie sehen nur Steine – rote, graphitfarbene, kalkweiße – und nirgends zwischen ihnen das so dringend Ersehnte.

»Da war doch auch der Talisman dran, den ich dir geschenkt habe«, sagt Jou plötzlich.

»Ja. Wieso? Wolltest du ihn wiederhaben?«

»Quatsch.« Und dann suchen sie weiter.

Hinter den Bergen breitet die Grandedame Sonne ihr majestäti-

sches Lever vor. Jou und Hans gucken sich ratlos an:

»Was machen wir nun?«

»Schlag Herzlieb eine Scheibe ein!« rät sie.

»Nützt nichts, der Startschlüssel ist ebenfalls am Bund.«

»O du lieber Himmel!«

»Ja«, seufzt Hans, »das finde ich auch.«

»Unser Bus fährt um halb acht vom Hotel ab. Wie kommen wir jetzt dorthin?«

»Zu Fuß«, meint er lakonisch.

»So, wie wir angezogen sind?« stöhnt Jou. »Man wird uns als Geisteskranke verhaften!«

»Wenn uns nichts Schlimmeres passiert. Komm!«

»Hast du einen zweiten Schlüssel für Herzlieb?«

»Ja. In Berlin. Aber wo – in meinem Schreibtisch, glaube ich. Und den Schreibtischschlüssel habe ich mit. Werde nachher gleich mit Zuhause telefonieren. Die Hecht muß die Schublade aufbrechen und ihn herschicken.«

»Aber dann kannst du ja gar nicht mit uns zurückfahren!«

»Nein, Kindchen. Wird dir doch recht sein.«

Jou antwortet nicht.

Erwin zottelt verschlafen hinter ihnen her, während sie ein zweites Mal den Weg zum Herzlieb zurücklegen.

»Aber er kann doch nicht spurlos vom Erdboden verschwinden, das gibt's doch gar nicht!« bäumt sich Hans zornig gegen sein Schicksal auf. Er hat die gehbehindernde Toga über die Knie gezogen, an der freien Hand zerrt er die müde, verzweifelte Jou hinter sich her zu einem Bauernhaus. Auf dem schmalen Hofplatz davor schläft ein uralter Lastwagen.

»Hänsel und Gretel vor dem Hexenhaus.« Aber sein Scherz gefällt Hans selber nicht. Trotz seines wohlausgebildeten Sinns für Situationskomik – ihr haarsträubend römischer Aufzug im güldenen Licht der Morgensonne ist zweifellos kein Anblick auf nüchterne Mägen. Und als plötzlich ein wütender Hund auf sie zugeschossen kommt, da ist auch keine Gretel mehr an seiner Hand. Sie hat sich losgerissen und – gefolgt von Erwin – in ein nahes Lorbeergebüsch gerettet.

Die nächsten Minuten werden für Otto Knopfs Tochter immer ein grotesker Alptraum bleiben, den sie gar nicht erlebt haben kann. Sie hockt in den kratzenden Zweigen des Busches, zwischen den Knien Erwin. Unter dem plissierten Vorhang ihres Hemdsaums fühlt er sich leider stark und fletscht dem wie toll bellenden Hofhund seine sämtlichen Zähne entgegen. Angenehm ist so was nicht.

Dazu kommt die Szene, die sich vor dem Lastwagen abspielt und von Jou mit entsetzten Blicken zwischen den blanklackierten Lorbeerblättern hindurch beobachtet wird.

(Und sie dankt ihrem Schöpfer, kein Mannsbild zu sein, das Mut markieren muß, auch in so trostlosen Situationen wie der augenblicklichen.)

Durch das wütende Gekläff angelockt, ist nämlich ein junger Mann auf dem Hof erschienen. Guckt verschlafen um sich, das Hemd in die Hose stopfend, guckt auch hinter den Lastwagen und sieht Hans Fichte – bedauernd lächelnd – dastehen.

Der junge Mann, wer nimmt's ihm übel, ahnt nicht, daß es sich bei dieser wilden Erscheinung um einen braven Tierarzt aus Berlin handelt, der, abgesehen von Strafmandaten wegen falschen Parkens und Baumfrevels, nie mit dem Gesetz in Konflikt gekommen ist.

Er starrt ihn blöde an, Hans vollführt eine anschauliche Pantomime, das heißt, er beginnt mit einer solchen, bricht aber mittendrin mit einer hilflosen Geste ab: Wie soll man einem Menschen, der kein Wort Deutsch versteht, klarmachen, daß man von einer »römischen« Party kommt, daß man die Nacht über am Seeufer verbracht hat und die Autoschlüssel verloren hat!

Der junge Mann mag ihn für einen Entlaufenen, für einen spinnerten Wanderprediger halten, auf jeden Fall fängt er plötzlich an zu brüllen: »Anna! Mario! Tonio! Mama!«

»Pschscht! Nicht doch, kein Aufsehen!« drückt Fichtes beschwörende Geste aus. Er will dem anderen den Mund zuhalten, aber da stürzen sie schon vom Haus her: Anna, Mario, Tonio, einige Bambinos mit schlafwirren Köpfen und zum Schluß – fett, atemlos und gebirgig – die Mama.

Sie bekreuzigt sich vorsichtshalber bei seinem Anblick, die anderen brechen in kreischendes Gelächter aus. Wer hätte das gedacht! Schon am frühen Morgen einen Übergeschnappten, solch ein Glück!

Daß sie ihn nicht der zuständigen Ortspolizei überantworten, hat Hans dem Tonio zu verdanken. Er war während des Krieges als Fremdarbeiter in Deutschland und verfügt seit dieser Zeit über sächsische Sprachkenntnisse. Ihm trägt Fichte seine Kümmernisse vor. Tonio nickt grinsend zum Zeichen, daß er verstanden hat, aber glauben tut er die ganze Geschichte als intelligenter Mensch natürlich nicht. Das mit dem Autoschlüssel mag schon stimmen. Aber das andere –?

Nach kurzem Zögern bespricht er sich lärmend mit seiner Familie, ab und zu treffen Fichte abschätzende Blicke. Er läßt es sich lächelnd gefallen, daß die Bambinos indessen an ihm herumzerren.

Im Familienrat scheint man sich endlich geeinigt zu haben, und Tonio tritt wieder vor ihn hin. Er sagt etwas, und Hans nickt erleichtert.

Mario springt auf den Lastwagen, und Anna hebt die Bambinos zu ihm hinauf. Gino wuchtet Mama auf den zweiten Sitz der Führerkabine. »Was soll das?« fragt Hans skeptisch.

»Alle mitgomm'«, lacht Tonio und macht ein einladendes Zeichen: Nun steig schon auf.

Aber Hans schüttelt den Kopf und zeigt auf das giftig knurrende Lorbeergebüsch.

»Meine Frau sitzt da drin, die muß auch mit. – Jou, komm vor!« ruft er laut.

»Kann doch nicht! Die Köter!« jammert sie.

Gino und Tonio laufen mit Fichte auf den Busch zu. Gino pfeift seinem Hund. Tonios verarbeitete Hände biegen die Lorbeerzweige auseinander. Staunend grinst er in Jous angstvoll aufgerissene Augen. Sie zieht fest das Plaid um sich.

»Dein – Frrau?« fragt er ungläubig.

»Klar! Signora Fichte.«

»Buon giorno, Signora.« Es ist Ginos unzweideutiges, bewunderndes Jungenlächeln, das Jou wieder auf die Beine hilft. Allerdings erleidet ihr Selbstbewußtsein noch einmal eine arge Demütigung, als sie den beiden weiblichen Familienmitgliedern vorgeführt wird.

Da ist zuerst Anna. Neugierig hebt sie einen Zipfel des Plaids an und läßt ihn mit der Entrüstung einer tugendsamen Italienerin fallen, nachdem sie Jous Nachthemd gesichtet hat.

Und dann erst Mama. Mit so einem Frauenzimmer fährt sie nicht auf einem Wagen. Und will wieder aussteigen. Es sei überhaupt eine Sünde, diesen gottlosen, meschuggenen Ausländern Hilfe zu leisten. »Du fährst sie nicht zum Hotel, Tonio. Was würde der heilige Antonius davon halten?«

Tonio gibt zu bedenken, daß sie sich ihre Hilfestellung ja gut bezahlen lassen werden, und wenn Mama von diesem Geld zwei Kerzen kauft und dem Heiligen stiftet, vielleicht wird er dann ein Auge zudrücken!?

Mama überlegt, ihre Nase reibend, und betrachtet mit strengen Augen die meschuggene Ausländerin. Jou lächelt ihr schüchtern zu. Hm. So verdorben sieht sie eigentlich gar nicht aus, eher jämmerlich. Sollte sie wirklich Böses getan haben, so ist sie vom heiligen Antonius schon genügend bestraft worden, indem er ihre Autoschlüssel verschwinden ließ.

Vielleicht genügt auch bloß *eine* Kerze, überlegt Mama, und Gino hebt Jou auf den Laderaum des Lasters, schwingt sich selbst hoch, zieht Fichte nach, und ab geht die Fahrt.

Sie rasen durch einen hinreißend blauen, leuchtenden Morgen, krampfhaft um lockere Planken gekrallt, ständig in Angst, auf die Straße geschleudert zu werden, dabei bemüht, den heimtückischen

Fahrwind an einem frivolen Spiel mit ihrer locker sitzenden Verkleidung zu hindern. Hans muß zudem noch den völlig verstörten, wehrlos hopsenden Erwin festhalten.

Die Bambinos kreischen vor Vergnügen, Anna hat sich flach ausgestreckt, die Arme um Jous Hüften – wenn sie vielleicht auch ein lockeres Frauenzimmer ist, so bietet sie doch immerhin einen Halt.

In einer tollkühn geschnittenen Kurve schleudern sie alle übereinander zu einem kreischenden, lachenden Knäuel.

So kommen sie denn – durchmassiert und blaugeschlagen – vor die Tore ihres Badeortes. »Wie spät mag es wohl sein?«

Der Laster rast mit unvermindertem Tempo und Hupengeheul den Palmenkai hinab.

Vor dem Grandhotel parkt der himmelblaue Touristenbus. Krause und der Hoteldiener sind gerade dabei, die letzten Koffer zu verladen.

Zwischen seinen reisefertigen und vorwurfsvoll um sich blickenden Schafen steht Florian mit unbeweglichem Gesicht.

Sie bemerken wohl das tollwütige Gefährt, das auf sie zugeschossen kommt, Düvenasch schimpft über die rücksichtslose Fahrweise der Italiener, Neumann gibt dagegen zu bedenken, daß in diesem Land weniger Unfälle passieren als zu Haus, sie pumpen ihre Lungen voll zu einem lauten Für und Wider – da hält der Laster kreischend und krachend vor ihnen. Sämtliche Touristen springen erschrocken nach rückwärts.

Zuerst geschieht nichts. Jou und Hans haben sich flach auf den Boden gelegt, um den Blicken der zum Abschied versammelten Hotelangestellten zu entgehen.

»Das sind unsere Leute da«, zischt er, auf die Touristen zeigend.

Gino richtet sich auf, einen zappelnden Gegenstand im Arm, den Frau Neumann mit einem Aufschrei als »Erwin! Das ist doch der Erwin!« erkennt.

Im Nu umringen sie den Laderaum des Lasters, begeistert von den Bambinos begrüßt.

Jou hebt vorsichtig den Kopf und steckt ihn sofort wieder runter, nachdem sie in Florians eiskühle Augen geschaut hat.

»Mensch, Schwager, wo wart ihr denn bloß? Wir warten und warten und denken, ihr seid längst tot. Wo ist Herzlieb? Warum steigt ihr nicht aus?«

»Weil wir immer noch römisch sind«, flüstert Hans, und während er und Jou sich eilig in Neumanns heraufgereichte Regenmäntel wickeln, erzählt er in Stichworten von ihrem Mißgeschick.

Eine Minute später rennen sie zur Dependance hinüber. Auf halbem Wege fühlt sich Fichte roh am Arm ergriffen, schaut verärgert zurück in Tonios mahnendes Gesicht.

»Ja doch, du kriegst gleich dein Geld. Muß mich doch erst anziehen!«

Er rennt weiter, Tonio hinterher.

»Sweitaus Lire!« schreit er.

Zweitausend Lire dafür, daß sie sich auf dem Höllenauto die Knochen verrenkt haben! »Jou, er verlangt zweitausend Lire!«

»Na und? Gib sie ihm doch«, ruft sie schon von der Treppe her. »Vorhin hättest du ihm glatt zehntausend geboten, um aus deiner scheußlichen Lage herauszukommen!«

»Aber ich besitze bloß noch im ganzen zweitausend Lire.«

»Dann pump Kümmel an, der hat noch.« Und sie verschwindet in ihrem Zimmer.

Tonio erhält seinen Lohn, und als er schon an der Tür ist, reut Fichte sein Geiz. War doch eigentlich ein netter Kerl, der Tonio. Überhaupt die ganze Familie – reizende Leute, alle sind sie mit hierhergekommen. Soviel Aufmerksamkeit für lumpige zweitausend Lire – fast geschenkt. Und er ruft Tonio noch einmal zurück und vermacht ihm sein letztes Päckchen deutscher Zigaretten. Sie scheiden mit Tränen in den Augen voneinander.

Dann zieht sich Hans in Windeseile um. Als er seine Toga über die Matratze breiten will, kommen ihm furchtbare Bedenken, ja, er gerät beinahe in Ausnahmezustände. Gewiß, das Laken hat heute nacht viele für ein Laken ungewöhnliche Dinge erlebt, zuletzt eine mörderische Fahrt auf einem schmutzigen Laster. Aber das entschuldigt trotzdem nicht sein wüstes Aussehen. Es geht so nicht. Es ist ganz unmöglich, daß es so geht. Schließlich reist er heute nicht ab, er muß dem Zimmermädchen doch ins Auge sehen, er muß seinen vernichtenden Blick ertragen. »Ferkel!« wird dieser Blick sagen.

Sekundenlang verharrt Fichte in dumpfer Verzweiflung, dann

kommt ihm der Gedanke, der Rettung mit süßer Rache verbindet. Er reißt das Schandlaken vom Bett und rennt damit zu Florians Zimmer, um es mit dem nur leicht zerknitterten des Reiseleiters zu vertauschen.

Somit hat er alle unschönen Bezeichnungen aus dem Munde des Zimmermädchens auf den Rivalen abgewälzt, aber die rechte Befriedigung stellt sich nicht ein.

Auf dem Treppenabsatz begegnet er Jou, bis zum Hals mit Gepäck beladen. Und jetzt begreifen beide zum erstenmal, daß sie sich trennen müssen. Sie wird in wenigen Minuten mit den anderen, mit Florian, abfahren – er wird hier warten müssen, bis seine zweiten Autoschlüssel aus Berlin eintreffen.

»Also dann – gute Reise.«

»Danke. – Hoffentlich kommen die Schlüssel bald. Und . . .und paß auf den Hund auf.«

»Mach ich . . .Wir werden uns ja in Berlin mal sehen.«

»Natürlich.«

Es ist viel schlimmer, als sie angenommen hat. Es ist ganz schlimm.

»Siegi, komm bloß, wir müssen los!« ruft Giselher von der Hallentür.

»Sofort –«

Sie schaut Hans Fichte an. Er schaut unglücklich zurück, aber er sagt nichts.

Da knickt Jou zusammen und greift sich den kleinen Dackel. »Tschüß, mein Kleiner. Sei schön brav, und wenn du nach Berlin zurückkommst, dann rufst du mich sofort an. Sollte es länger dauern, dann . . .dann schreib mir mal, hörst du, Erwin? Eine Postkarte –« Sie richtet sich schnell auf, greift nach ihren Mänteln, rennt die Treppe hinunter und heult wie ein grauliger Schloßhund dabei.

Hans folgt mit den Koffern.

Auf halbem Weg erwartet sie Florian. »Endlich«, sagt er kühl, und als er ihre Tränen bemerkt, wird seine Stimme sofort weich. »Aber, aber –«

»Na ja«, heult Jou auf, mit dem Handrücken einmal im Halbkreis um die Nase wischend.

»Ich verstehe –«

Zwei Minuten später rollt der himmelblaue Bus mit seinem schwankenden Kofferanhänger den Palmenkai hinunter. Hans Fichte steht mitten auf dem Damm und schwenkt beide Arme. In seinen Ohren klirrt noch Giselhers aufgeregte Stimme:

»Mach's gut, Schwager. Und schreib mir mal, nächste Woche habe ich Geburtstag. War ganz lustig, dies Italien, aber das beste war Capri, und das hast du ja woll mir zu danken, nöch?«

Jetzt biegt der Bus in eine Querstraße ein, sein Heckbaby zottelt hinterdrein. Hans nimmt seine Arme aus der Luft.

»Weg sind sie. Komm, Erwin, wir müssen mit Berlin telefonieren.«

Fräulein Hecht, die Assistentin, ist zu Tode erschrocken. Ein Ferngespräch aus Italien! Ihrer Stimme hört man die weichen Knie an. »Wie? Den Autoschlüssel? Aber, Herr Doktor! Ja, ich werde gleich mal nachsehen – obgleich es mir unangenehm ist, Ihren Schreibtisch aufzubrechen . . . natürlich, natürlich . . . und das Wetter ist gut? Nein, hier war nichts Besonderes. Der Vertreter? Ein reizender, feinsinniger Mensch. Möchten Sie ihn auch mal sprechen? Wie? – Ach so, ja, wird zu teuer. Aber das muß ich Ihnen erzählen, Herr Doktor. Der eine Spaniel von Marschalls hat am Donnerstag, nein, ich glaube, es war am Mittwoch . . .«

»Wiederschaun, Fräulein Hecht. Das dürfen Sie mir alles zu Hause berichten, da kommt's mich billiger. Also – nicht den Schlüssel vergessen. An folgende Adresse . . .«

Nach diesem Gespräch überlegt Hans, was sich außer dem Autoschlüssel in der Schublade befinden mag, die Fräulein Hecht gewiß voll Wißbegierde durchstöbern wird. Dann setzt er sich mit Erwin zu einem ausführlichen Frühstück ins Grandhotel.

Am späten Vormittag borgt sich Fichte den Topolino des Chefobers und fährt noch einmal zur Stätte ihrer nächtlichen Abenteuer hinaus. Vielleicht wird er Mama und ihrer Familie einen Besuch abstatten – er hat ja jetzt soviel Zeit, bis der Schlüssel aus Berlin kommt.

Erwin wedelt, als er das abgestellte Herzlieb sieht, Hans tippt ihm freundschaftlich aufs Verdeck. »Na, altes Mädchen?« Und er wirft auch einen sehnsüchtigen Blick in sein Inneres. Im Fond liegen eine kunstvolle Basttasche aus Fiesole für Fräulein Hecht und die Majolikavase für den Hauswart und auch – »Guck mal, Erwin, deine Wasserkuh Florenzia!«

Auf den steinigen Strand brennt jetzt die hohe Mittagssonne, aus der Ferne tönt Badegeschrei, Jachten kreuzen gemächlich auf dem Meer...ein makelloser, leuchtender, fröhlicher Sommertag...nur Jou fehlt. Fehlt ihm schrecklich.

Hans hockt sich auf den Rand des alten Fischerkahns, seine Schuhspitze schubst mutwillig gegen die Weinflasche, nachdem er zuvor geprüft hat, ob sie heute nacht nicht doch noch einen kleinen Rest in ihr gelassen haben, jedoch sie haben nicht. Die Flasche kollert mit viel Geklapper über die unebenen Steine.

»Dummes Ding«, schimpft Hans und weiß selber nicht, wen er damit meint, die Flasche oder... aber Jou fehlt ihm schrecklich.

Der Hund beobachtet ihn stumm. Er hat sich im Schatten des Kahns ausgestreckt, sein magerer Körper zittert in rhythmischem Jacheln, und in plötzlicher Zärtlichkeit beugt sich Hans zu ihm und streicht über sein rauhes Köpfchen. So ein Hund kann zwar keine Lücke ausfüllen, die ein geliebter Mensch hinterlassen hat, aber er ist ein Lebewesen, das mit einem in der gleichen Bredulje sitzt – ergeben, vertrauensvoll, vorwurfslos.

»Mein Sancho-Pansa-Erwin«, sagt er mit einer Stimme, die ganz schwer ist vor Sentimentalität, »da gerätst du armes Viech an einen Tierarzt, von dem man annehmen müßte, er wird dir ein gesundes Hundeleben bieten, statt dessen... anzeigen müßte ich mich selber beim Schutzverein. Aber ich verspreche dir hoch und heilig, so was Tierquälerisches wie eine Italienreise brauchst du nie, nie wieder zu erleben. Du sollst es gut...«

Hans bricht ab, seine Augen weiten sich, er starrt wie hypnotisiert auf ein metallisches Glitzern zwischen roten Steinen... »Heiliger Franz, wenn das...« Er läßt sich auf die Knie fallen, wagt nicht zu blinzeln, aus Angst, das metallische Blinken, in dem sich ein Sonnenstrahl verfangen hat, könnte inzwischen verschwinden; seine Hände greifen zögernd, doch gierig, gleich denen eines enttäuschten Goldsuchers, der glaubt, beim Anblick eines plötzlich goldigen Aufleuchtens einer Halluzination zu erliegen, nach dem metallischen Blinken – und wie jener »Gold, pures Gold!« geschrien haben mag bei der Erkenntnis, daß es keine falsche Vorspiegelung war, so brüllt Hans glücklich: »Meine Schlüssel!« Und beinahe hätte er sie geküßt.

# 26. Kapitel: *Der Brunnen von Trevi*

Hinter der schwarzen, knorrigen Silhouette märkischer Kiefern spielt die scheidende Sonne Blutorange ... und – komisch – ist genau dieselbe Sonne, deren gigantisches Abgangsschauspiel unsere Bus-Touristen auf der Überfahrt von Capri nach Neapel zu mundoffenem Entzücken anregte.

»Die Sonne hat's gut«, seufzt Elfi Düvenasch. »Darf überall scheinen, ohne erst dafür teuer bezahlen zu müssen.«

»Ah«, meint Kümmel – seit München Jous Platznachbar, »wenn man das so oft wie die Sonne gemacht hat, dann freut's einen nicht mehr. Dann ist es pure Routinesache.«

»Wie in jedem Beruf«, nickt Rudi erfahren. »Dabei fällt mir auf: es weiß doch beinahe keiner von uns vom anderen, was er zu Hause macht.«

»Wozu auch? Der gleiche Fahrpreis hat uns für die Dauer der Reise alle gleichgestellt.«

Stimmt nicht ganz, denkt Jou. Giselher, zum Beispiel, hörte keinen Augenblick auf, sich den übrigen Touristen gesellschaftlich überlegen zu fühlen. »Wenn ich bedenke, was mein Bruder für eine Bombenstory aus seiner Italienreise machen wird«, schaudert sie. »Bestimmt hat er sich den staunenden Mitreisenden im Zugabteil als ›von Knopf, Hamburg‹ vorgestellt und so ganz nebenbei vom Leben unter seinen Millionärsfreunden auf Capri erzählt. Ich fürchte, er landet noch mal wegen Hochstapelei im Knast.«

»Bewahre«, sagt Kümmel, »das sind alles Pubertätserscheinungen. Aus Giselher wird noch mal ein ganz ordentlicher Junge werden.«

»Sie wollen mich bloß trösten, Herr Kümmel.«

»Keineswegs. Ich beabsichtige sogar, ihm eine neue Lehrstelle zu besorgen.«

»Aber nicht in Berlin!« fleht Jou. »Sonst siedle ich nach außerhalb um.«

Jetzt steuert Krause den Bus auf den Berliner Ring. Die Sonne ist längst untergegangen. Zugvögel streichen durch das duftige Blaß des Himmels gen Süden, und unsere Heimkehrer wissen nicht recht, ob sie die Vögel beneiden sollen. Sie befinden sich in einem Zustand der Unentschlossenheit: noch italienisches Abschiedsweh, schon Vorfreude auf Zuhause. »Wir wollen noch einmal Mariechen singen«, ruft Rudi, »sozusagen zum Abschied.«

»Aber unser Busdichter Neumann fehlt!«

»Herr Kümmel soll dichten.«

Gustav da Wulkow nimmt die Zigarre aus dem Mund, räuspert sich umständlich – »Aber schön wird's bestimmt nicht« – und beginnt mit heiserem Baß:

> »Und als Mariechen kam nach Haus, kam nach Haus,
> kam nach Haus,
> Da war die schöne Reise aus, Reise aus.
> Das Geld war futsch, der Sommer aus, die Palmen fort
> und fort das Meer,
> Der Jammer, der kam hinterher, hinterheeeer . . .«

»O ja«, seufzt Jou.

»Stimmt meine köstliche Lyrik das Mädchen traurig?« fragt er belustigt.

»Ein bißchen schon sehr, Herr Kümmel. Ich weiß doch nicht, wie es weitergehen soll.«

»Ich denke, du hast dich entschieden?«

»Natürlich«, sagt Jou. »Aber ob er mich jetzt noch will?«

Es ist dunkel, als sie den Kontrollpunkt Dreilinden passieren. Jetzt dauert es nicht mehr lange – und die Erleichterung, bald zu Hause zu sein, verleiht Krauses Bewegungen einen geradezu virtuosen Anstrich.

»Na, bitte«, lacht er, »haben wa diese Fuhre ooch heil durch die Runden jeschifft. War die letzte Lange in diß Jahr. Jetzt mach ick noch mal nach 'n Harz und wintersüber die konschtante Tour nach Hamburg. – Ihnen is ooch wohl, daß Se die Bande loswer'n, was?« wendet er sich an Florian, der neben ihm eine Zigarette nach der anderen raucht, tief in Gedanken versunken und zu keiner Unterhaltung bereit.

Über ihnen taucht die Brücke der Potsdamer Chaussee auf. Ein hellerleuchteter Bus der Linie 18 überquert sie in Richtung Zehlendorf. Berlin. Zu Hause.

Und jetzt die Avus, natürlich mit Bauarbeiten.

Krause greift zum Mikrofon und verkündet in Reiseleiterton:

»Meine Damen und Herren. Das, wo wir jrade druff langfahr'n, is die Avus, ein Werk des 20. Jahrhunderts, an dem se immer noch rumkrebsen. Rechts und links sehn Se nischt wie Bäume und alles märkische. Am liebsten jedeiht hier die Kiefer, weil's doch so ein reichhaltiger Sandboden is. Und nu, meine Herrschaften, sehn Se genau vor sich . . .«

»Das Kolosseum!« ruft Rudi.

»Falsch. Na, Herr Radke, sagen Sie ihm mal, was das is?«

»Der Funkturm«, grinst Opa kopfschüttelnd.

Die Avus ist sehr lang, wenn man so ungeduldig wie unsere Touristen auf ihr Ende wartet. Kümmel hört ein kleines, zärtliches Lachen neben sich.

»Wissen Sie, was Hans Fichte gesagt hat? Ich wäre eine komische Mischung aus einer Rose und einer Mohrrübe.«


Der Bus reiht sich in den eiligen Verkehr auf der Kantstraße ein, in seinem Innern hebt ein wildes Packen an.

Und jetzt erreicht er den Stuttgarter Platz: Ausgangspunkt und Endstation ihrer Reise.

Oma Radke hat sich, den Strohhut in ihre verwilderten Haare drückend, aufgerichtet und späht aus dem Fenster. »Nu guck doch, Vatter! Ella und Hildchen sind da! Und Herbert auch!«

»Huhu, Fritz, huhu!« Die Feldherrin bummert aufgeregt gegen die Scheibe, wirres Ankunftsgerede stammelnd, obgleich Fritz sie noch gar nicht hören kann.

»Da steht meine Frau«, sagt Krause zu Florian.

Ja, da steht ihr Zuhause mit Schnittblumen und langen Hälsen und kann's gar nicht abwarten, von Schulzes und ihrem schlimmen Schwiegersohn zu erzählen und vom Gummibaum, den sie in Pflege genommen haben. Er hat lauter gelbe Blätter, dabei haben sie ihn täglich gegossen . . .

Da steht ihr Zuhause.

Drei Wochen lang fügte die gleiche Ferienidee, gebucht bei der gleichen Reisegesellschaft, unsere Busfahrer zu einer Familie zusammen.

Aber da steht ihr Zuhause. Die Gemeinschaft, die eben doch nur eine zufällige war, löst sich in Sekundenschnelle auf. Man ist sich wieder fremd.

Die Feldherrin ist wieder Frau Behrend aus der Paulsborner Straße, Frau Küßnich die liebe Hertha ihrer vollzählig versammelten Kränzchenschwestern, Radkes sind nur noch Eltern und Großeltern, keine verspäteten Hochzeitsreisenden mehr.

Gerade fährt ein Mercedes mit Schofför vor. Ein Herr und eine Dame entsteigen ihm, und Kümmel macht eine artige Verbeugung ins Leere.

»Meine Frau Schwägerin hat sich auch bemüht . . .« lacht er.

Nun ja, er ist immerhin ein gutgehender Verwandter. Zum Glück hat er nicht geheiratet. Man wird – abgesehen von seinem Junggesellenplunder – auch seinen echten Liebermann erben.

»Arrivederci, mein Knöpfchen.« Er beugt sich herzlich über Jou. »Wir sehen uns bald. Habe ja deine Telefonnummer. Und – ich halte dir fest die Daumen.«

»Danke, Herr – Gustav da Wulkow.« Sie küßt ihn herzlich auf die Wange. »Danke für alles.«

Dann steigt er aus, geht auf seine Verwandten zu und weiß nichts mehr davon, daß er im Canale Grande geschwommen und Bettnachbar Primus im seligen Suff seine Schlipse ins Gesicht gefeuert hat. Er ist wieder ganz der Herr, den man zu Hause von ihm erwartet.

»Grüßen Sie das Kerlchen«, sagt Düvenasch zu Jou und schüttelt schmerzhaft ihre Hand. »Hier ist meine Adresse, falls – falls er mal Vater werden sollte.«

»Ja«, ruft die Feldherrin, »ich nehme auch ein Kind von Erwin!«

Für die noch nicht vorhandenen Nachkommen des Dackels ist bereits gesorgt, denkt Jou, aber für mich –? Alles meine Schuld.

Der Primus und Elisabeth Herzberg buckeln gemeinsam ihr Gepäck zum nahen S-Bahnhof hinüber. »Was wohl mein Pepi sagen wird, wenn ich ihm von der Reise ein Herrchen mitbringe«, kichert sie aufgeregt. »Er besaß doch noch nie eins!«

Jeder hat seine Art von Zuhause an der Endstation Stuttgarter Platz gefunden. Selbst Marie Peters in Form eines blankschädeligen, üppigen Herrn, sozusagen »Wenn-keinen-anderen-mehr, na-denn-den«.

Er empfängt sie mit einem Strauß Astern, und sie freut sich darüber, als ob es Orchideen wären.

Einzig Jou steht verlassen zwischen ihrem Gepäck. Ohne Blumen, ohne Umarmung, ohne frischgebohnertes Zuhause, das auf ihre Ankunft wartet.

Niemand ist da, der sich auf sie freut. Sie kam sich selten so verlassen vor.

Vom S-Bahnhof schallt die Stimme des Stationsvorstehers durch den Lautsprecher. »Nach Spandau-West bitte einsteigen. Diiie Türen schließen. Vorsicht am Zuge . . .«

»Gondola, scheene Gondola, Lady!« singt eine Stimme im werbenden Tone des venezianischen Gondoliere hinter ihr, und Jou wendet sich strahlend um.

»Florian! – Hat Sie auch niemand abgeholt?«

Seit ihrer überstürzten Abreise von der östlichen Riviera ging sie dem Alleinsein mit ihm aus dem Wege. Nicht etwa, weil sie ihn weniger herrlich fand als vorher, sondern weil ihr Hans Fichte heute ebenso herrlich erschien. Sie wird niemals seine trutzige, sonnverschwollene Gestalt, eingehüllt in ein zerknittertes Laken, im Hofe der Italiener vergessen. Da hing alles von ihm ab. Da kam es nicht auf die gewisse »männliche Ausstrahlung« an, nicht auf schönes, schwarzes Haar, nicht auf kunsthistorische Bildung, sondern einzig und allein auf Mut. Und Hans bewies ihn, semmelblond und stupsnasig. Da ward er in Jous Augen zum Helden.

Sie startet eine großartige Geste. »Besorgen Sie mir bitte eine Gondel zur Lietzenburger!«

Florian winkt ein Taxi heran. »Soll es eine mit Gesang sein?«

»Ach, lieber nicht, das kommt zu teuer.«

Er verlädt Jous Koffer. Sie steigt ein.

»Wenn ich's mir recht überlege, dann könnte ich eigentlich mitfahren. Schließlich wohne ich in der Xantener.«

Jou guckt ihn fast erschrocken an. ›So nah bei mir!‹ Dann sagt sie: »Bitte.«

Das Taxi fährt ab. Sie lehnen nebeneinander im Fond, der eine links, der andere rechts . . . genauso fing es damals in einer venezianischen Gondel an. (»Damals!« Dabei ist es noch nicht einmal drei Wochen her.)

Sie fahren durch Berliner Straßen, und Jou seufzt: »Diese romantischen, verwunschenen Kanäle . . .ach ja, es war schön. Ich werd's nie,
nie, niemals vergessen.« Und dann singt sie leise den zweiten Vers von
Kümmels Mariechen-Dichtung:

>»Das Geld war futsch, der Sommer aus, die Palmen fort
und fort das Meer,
Der Jammer, der kam hinterher – tadiiidadam!«

Sie überqueren den Kurfürstendamm Richtung Olivaer Platz.

Jetzt will das Taxi in die Lietzenburger einbiegen. »Die Dame zuerst?« fragt der Schofför.

»Ja«, nickt Florian.

»Nein, bitte, halten Sie einen Augenblick hier. Ich habe noch etwas
zu erledigen«, sagt Jou und steigt aus. »Kommen Sie, Florian.«

»Wohin?«

»Zum Brunnen von Trevi.«

»Aber Herzchen, der liegt doch nicht in Berlinisch-Venedig!«

»Weiß ich«, sagt Jou, den Kopf schüttelnd ob so einer dummen Bemerkung. »Er liegt in Rom. Und Rom liegt hier in den Anlagen des
Olivaer Platzes. Verstehen Sie?«

»Ich bemühe mich«, lacht er amüsiert, und bittet den Taxischofför,
einen Augenblick zu warten, und läuft hinter ihr her, die Treppen der
Anlage hinab.

Unten angekommen, nimmt Jou seine Hand und sagt feierlich, auf
ein humorloses Brunnengebilde zeigend: »Das ist er!«

Der Brunnen des Olivaer Platzes enthält zur Zeit kein Wasser, nur
künstliche Steine und dazwischen viel zusammengeknülltes Stullen-
papier.

»Wundervoll«, sagt Florian überwältigt.

»Nicht wahr? – Haben Sie zufällig einen Sechser bei sich?«

Er kramt eilfertig durch die Taschen seines Jacketts und fördert
»leider nur Lirestücke« zutage.

»Um so besser.« Jou nimmt eine Münze aus seiner Hand, stellt sich
mit dem Rücken zum Brunnen auf. »Jetzt muß ich schmeißen und mir

dabei etwas wünschen. Was soll ich mir wünschen, Florian?«

Das Geldstück in ihrer Faust wird warm, ehe er eine Antwort findet.

»Wünsch dir, daß du glücklich wirst. So oder so.«

»Lieber bloß so!« sagt sie und wirft die Münze über ihre Schulter in den Brunnen. Sie klirrt hell auf einen Stein. »Oder ist immer schlecht.«

Das Ganze ist ein törichtes Spiel, aber die beschwörende Ernsthaftigkeit, mit der Jou es ausführt, rührt Florian.

Er nimmt sie behutsam in seinen Arm.

»Zum Abschied.«

»Ja –«, nickt Jou und legt die Hände um seinen Nacken. »Zum Abschied. Es fällt mir nicht leicht, weißt du. Denn beinahe –«

»Beinahe –«, bestätigt er, über ihr helles Haar streichelnd, das vom Salzgehalt des Meeres starr geworden ist.

»...aber auf die Dauer wäre es nicht gut gegangen. Du hättest die Mohrrübe in mir nicht verstanden.«

Mohrrübe? überlegt er. Natürlich! Mohrrübe. Und lacht.

»Diese Erkenntnis ist nicht auf deinem Mist gewachsen?«

»Nein, auf Hans Fichtes. Und eigentlich müßte ich darüber böse sein. Aber für seine Verhältnisse ist das schon eine Art Liebeserklärung.«

Auf der Straße rollen ununterbrochen Autos vorbei, Richtung Kurfürstendamm, Richtung Fehrbelliner Platz. Der Abend ist fast sommerlich warm – wenn man bedenkt: Ende September!

Jou streichelt abschiednehmend über Florians schmales, dunkles Gesicht. »Es war wunderschön, und ich werde dich nie vergessen, weil – weil es keine süßere Erinnerung in unserem Leben gibt als die an das einmal ersehnte Ungeschehene... hat Kümmel in Rom zu mir gesagt«, fügt sie sachlich hinzu. »Und er weiß so was. Denn in seiner Jugend, als er noch nicht so dick und bequem war...«

Ihre Stimme gleitet in den vorherigen sentimentalen Klang zurück, während ihr Kopf gegen Florians Schulter sinkt.

»Du kannst mir glauben, leicht fällt mir der Abschied von dir wirklich nicht...«


Und jetzt klinkt sie mit dem Ellbogen die Tür zu ihrem möblierten Zimmer auf.

Die Wirtin ist nicht zu Hause, auch keiner von ihren anderen Untermietern. Jou stellt ihre Koffer ab und knipst das Licht an.

Auf dem Tisch liegt ihre Post, aber eine Nachricht von Hans Fichte befindet sich nicht dabei.

Vielleicht ist er inzwischen zu arm geworden, um eine Briefmarke kaufen zu können!? Vielleicht stieß ihm auf der Rückfahrt etwas zu – ein Unfall oder eine neue Frau!? Vielleicht will er ihr auch gar nicht mehr schreiben!

Es soll schon öfter vorgekommen sein, daß jemand zwei große Lieben hatte und auf einmal alle beide loswurde. Jou ist sehr mulmig zumute.

Seufzend wendet sie sich ihrem Wellensittich zu, einem Geschenk Hans Fichtes. »Tag, Otto, Frauchen ist wieder da –« Aber er begrüßt sie nicht wie sonst, sondern wendet sich nach flüchtigem Blick seiner Vogelpuppe aus Zelluloid zu, die neben ihm auf der Stange hockt. Beschnäbelt sie, stupst sie und nuschelt ihr all die Zärtlichkeiten zu, die Jou ihm mühsam beibrachte: »Thththth – ach, der süße Otto – thththth – Frauchens kleiner Liebling – thththth – gib Küßchen gib Küßchen – thththth . . .«

Selbst der Wellensittich zieht eine dumme, leblose Zelluloidpuppe ihr vor. Das Leben spielt Jou wirklich hart mit.

Sie nimmt ihren alten Regenmantel vom Haken, steckt das Portemonnaie ein und geht über den endlosen, schlauchschmalen Flur der Altberliner Wohnung, in der man nach Herzenslust Budenangst frönen kann (sofern man frönen will) zur Tür.

Würstchenessen heißt ihr Ziel, mit dem Ober reden, bloß nicht nachdenken müssen.

Jou hat schon eine halbe Treppe hinter sich, als sie das Telefon hört.

»Ist ja doch nicht für mich«, denkt sie und will weitergehen.

Aber das ist so eine vertrackte Sache mit einem stur klingelnden Telefon. Man braucht viel Willensstärke, um seinem alarmierenden Ton zu widerstehen. Jou besitzt sie nicht.

Sie rennt die paar Stufen zurück, schließt hastig die Tür auf, jagt zum Apparat, den die Wirtin neben dem Garderobenspiegel anbringen ließ.

»Ja, bitte?«

»Jou?« fragt eine ihr wohlbekannte Stimme. »Ich sollte mich doch gleich melden, wenn ich nach Berlin zurückkomme. Hier spricht nämlich der Erwin . . .«

*Happy Ende*